U0142291

可配合
《工廠管理》
學習手冊
使用

工廠管理
Factory Management

■ 作者 邱政田

五南圖書出版公司 印行

序言

　　先是編成了《工程熱力學概論》及《工程熱力學概論習題詳解》，由文京圖書有限公司出版。後來又編成了「機械振動學概論暨習題詳解」，由五南圖書有限公司出版。現在又著手於《工廠管理》之撰寫，本書共一冊，分為 11 章，合乎教育部所頒佈的大專院校「工廠管理」之課程標準，以供大專院校工程科系每週授課 2 或 3 小時，一學期授課之用，以及有興趣之工廠從業人員之參考。

　　筆者學的是機械工程，曾留學美國，回台後，在工廠及教育界服務曾參考了很多本書，綜合了它們之優點，融會貫通後，加上筆者個人之想法。若把「工廠管理」之範圍擴大之，就是「工業管理」；再擴大之，就是「工商管理」；再擴大之，那就是各行各業之「企業管理」了。故筆者也參考了「企業管理」學之書本。此外，全書文字說明，力求簡明扼要。

　　原先教育部所頒佈的「工廠管理」學之內容只有 10 章，沒有包含品質管理這一章，筆者認為「品質管理」學很重要，它是工廠管理之七大管理業務之一若工廠管理學寫得再好，如果不包括品質管理，那將是美中不足的地方，尤其是在科技發達的今天，更應重視品管。故筆者特別再加添了品質管理這一章，使工廠管理學之內容儘量力求良美。

　　此本書雖經細心整理和校對，但因筆者才疏學淺，疏漏之處在所

難免，懇請海內外學界先進及讀者諸君不吝指正為感。

本書配合《工廠管理學習手冊》閱讀學習。

邱政田　謹識

苗栗縣頭份鎮

Contents
目錄

1

導　論

第一節　前言

　　以前人們說「管理」是工業之母，筆者認為這句話不適當，應該說「機械」是工業之母才對，因為沒有機械那來的工業？

　　若把工廠管理之範圍推廣之，就變成是工業管理了；再推廣之，就變成是工商管理了；再推廣之，就變成是各行各業的企業管理了。因此，工廠管理是企業管理之一部分，所以在這裡先讓我們來談一談企業管理學。

　　現代經營企業有所謂之「九M」要素，即在企管學裡所謂之「九M」，亦即是：

(1)管理（management）　　(2)市場（market）

(3)人力（man-power）　　(4)金錢（money）

(5)機械（machine）　　(6)原料（material）

(7)技術（method）　　(8)製造（manufacture）

(9)士氣（morale）

　　簡言之，企業的管理者先研究市場，再運用人力、金錢、機械、原料及技術，以從事製造能滿足顧客的產品而獲得利潤，並維持士氣。

「九 M」要素是為一完整之敘述，它也就是工廠管理的九 M 要素；但在企管學裡，除了有「九 M」要素外，尚有所謂八 M 及六 M，現說明如下：

①八 M 要素：是指科學管理的八 M 要素，即從九 M 要素中除去製造一項。〔註(1)〕

②六 M 要素：是指管理的六 M 要素：即為：(a)人力；(b)金錢；(c)機械；(d)原料；(e)技術及(f)管理。〔註(2)〕。

第二節　工廠管理之意義

一、何謂工廠 （factory or plant）

工廠就是各種產品之製造場所，因產品之不同，而有大小規模之各式各樣的生產工廠。

二、何謂管理 （management）

簡言之，管理乃是將各種有效的資源，導入組織當中，藉著（註：

註(1)：說是「科學管理」的八 M 要素，若不包括管理這一項是講不通的，因為以前的書本是說七 M，不包括管理這一項，那是錯誤的說法。

註(2)：說是「管理」的六 M 要素，若不包括管理這一項也是講不通的，因為以前的書本是說五 M，不包括管理這一項，那也是錯誤的說法。

要有程序地寫出）計畫（planning）、組織（organizing）、用人（staffing）、指揮（directing）、協調（coordinating）以及控制（controlling）等六大活動，使所有部屬如期達成預定的目標。

不良或有缺點的管理，會造成浪費人力、物力和財力。

何謂管理循環？那就是管理是由計畫、執行、控制三個步驟，循環不息的運用，故稱之為管理循環。

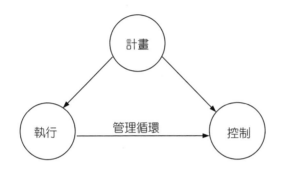

三、何謂工廠管理（factory management）

所謂工廠管理，即在製造場所，導入各種有效的生產資源，藉著計畫、組織、用人、指揮、協調及控制等六大活動，使工廠所有部屬，如期達成預定的生產目標，而所生產之各種產品能使顧客滿意。

上述所指的生產資源，包括下列各種要素，故生產資源亦稱生產要素：

(1)勞工或人力。　　　　(2)機器。

(3)資本。　　　　　　　(4)資材（原物料）。

(5)土地。　　　　　　　(6)方法或技術。

如上所述，工廠管理旨在如期達成預定的生產目標，其任務及在

提高生產力（productivity）。生產力應以下述之公式表示之：

$$生產力 = \frac{總產出額}{總投入額} = P = \frac{O}{I} = \frac{O}{M+C+L+E}$$

式中，P＝生產力（productivity）

　　　O＝總產出額（total output）

　　　I＝總投入額（total input）

　　　M＝原料投入（material input）

　　　C＝資金投入（capital input）

　　　L＝人力投入（labor input）

　　　E＝其他投入（miscellaneous input），如機器設備、能源等。

生產力（productivity）與生產能力（production capability）不同定義，前者所著重的是生產效率的問題，而後者所著重的是產出數量能力的問題。

欲提高生產力，乃在投入額（分母）與產出額（分子）上下工夫，下述的各種組合，都能提高生產力：

⑴投入額減少，產出額增加。

⑵投入額不變，產出額增加。

⑶投入額減少，產出額不變。

⑷投入額微微增加，產出額大幅增加。

⑸投入額大幅減少，產出額微微減少。

一個工廠要想生存（survival）和成長（growth），必須要從事一些管理的工作，這些管理工作包括：生產管理、行銷管理、人事管理、研發管理、財務管理、品質管理及物料管理等業務，此七大管理業務是號稱是工廠管理之七大管理業務；它們亦可號稱是企管之七大

管理業務，或是企管之七大管理功能。

　　近來市場競爭激烈，企業之經營已由技術為中心的機械化，進入了以管理為中心的企業化。

　　管理必行科學方法，是後來管理學家陸續研究所得共同的結果，並證明管理與技術不同，而且在工廠，職務階層高低不同對管理知識與技術能力所必須具備的程度也不同，時至今日，高階層的人員所具備之管理知識更勝於生產技術。如圖 1-1，A 階層高於 B 階層，A 階層需要的管理知識 b 大於 B 階層的管理知識 d；然而，B 階層的技術能力領域 c 大於 A 階層的技術能力領域 a。總而言之，工廠階層愈高，對管理知識與管理能力所須具備的程度也愈高。

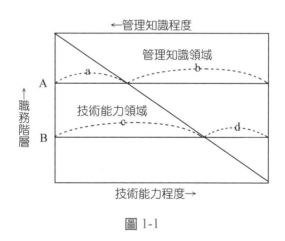

圖 1-1

第三節　工廠管理制度之演進

　　生產活動的型態，依經營型態及變化的時間順序，可區分為下列

三種制度：一、家庭生產制度（domestic system）、二、代產包銷制度（putting-out system）及三、工廠生產制度（factory system）。

一、家庭生產制度

人類最早的生產型態是以家庭為生產單位。主要的生產活動是為農業及簡單的手工製造。生產產品的主要動力來源是為依靠人力，所使用之工具是為最簡單的原始工具。又所生產之產品主要是以供家人使用為目的。若是有多餘之產品。則於固定時日，在固定地區中銷售或以物易物。這是工業革命以前的生產制度，沒有生產力的觀念。每個家庭所需的消費物品，均以家庭為生產單位而製造，或與其他家庭以物易物。

二、代產包銷制度

代產包銷制度顧名思義，它就是代為生產一定銷得出去的制度，由於家庭生產制度效率低，一些有眼光之企業家，便供應家庭生產單位所需之原料及工具，再以一定價格收購他們所生產的產品，再銷售到市場，因而產生了代產包銷制度。在此種制度下，家庭仍是生產之基本單位。家庭單位經由提供勞力，代工完成了所交付之產品而獲取工資。因此家庭成員因而變成按件計酬的勞工，勞資關係因而產生。故開始有了企業及工廠生產制度之雛型，產量也開始增加，品質及成本也開始受到重視。在這時代裡企業家產生了。

三、工廠生產制度

十八世紀末，英國人瓦特（James Watt）發明了蒸汽機，還有紡織機器的陸續發明問世，而導致了工業革命（industrial revolution）。由於動力機械價格高昂，非一般人所能購買，於是資本家乃利用資本，購買生產機器，設立工廠，招募大量勞工，從事於大規模的生產活動，因此產生了工廠生產制度。其最大特徵是企業家把許多機器集中在某一地方，而工人也集中到同一地方工作。由於工廠規模及市場日趨擴大，競爭也日趨激烈，因此開始興起科學管理運動，重視生產效率的提高、生產成本的降低。講求工作方法、力行專業分工、提倡科學管理、一切生產動作及生產時間均標準化；而人群關係也深深地影響生產效率，因此對管理思想產生了很大的衝擊。

若以時間發生之順序來說明工廠生產制度之演進，較重要的事件如下所述：

十九世紀初之工廠是採用資本主義，資本主大量僱用勞工，每週工作六天，每天工作十二小時。資本主將勞工視同機器，剝削勞工及壓榨勞工。資本主只重視產量，而忽視了勞工之尊嚴及工廠之環境與安全衛生。

二十世紀初泰勒（Frederick W. Taylor, 1856-1915）提倡科學管理，主張差別計件之薪資制度，並於 1911 年首先發表了科學管理原理，大大地激發了研究工廠管理的熱潮。

其後甘特（Henry L. Gantt）於 1917 年提出所謂的甘特圖（Gantt chast），以橫軸代表時間、縱軸代表人員、機器或部門，這是一種很簡單的圖表，但卻是計畫生產與控制生產的一項有效的工具。

「動作與時間研究」（motion and time study）之引入工廠管理，貢獻最大的應屬吉爾伯斯夫婦（Frank B. and Lillian M. Gilbreth），在標準工時之研究上有極大之貢獻。

1920-1930 年代，工廠之生產程序愈來愈複雜，對工廠之管理，愈來愈重要。有名之霍桑研究於 1927 年至 1932 年間進行。霍桑研究的結論指出：良好的工作環境及工資並不能使生產量成正比的增加，而心理及社會因素，如士氣、受重視及小群體等對工作成果有很大的影響。

1930 年代有舒華特（Walter A. Shewhart）對品質管制之研究，而有管制圖之出現，對工廠管理中，產品品質之提高甚有幫助。也使享利福特（Henry Ford）率先研究汽車裝配線成功，使大量生產（mass production）成為可能。

1940 年代，第二次世界大戰期間，作業研究（operation research）被應用到管理問題上，且應用得非常成功，而開闢了作業研究在工廠管理之應用。

1950 年代，電腦逐漸被應用到工廠管理中，開啟了工廠管理電腦化之新紀元。

1960 年代，機器人（robot）被發明，並應用在工廠中。

隨著微電腦（microcomputer）開發的成功，再加上電腦普遍應用於工廠中，於是在先進已開發國家之工廠裡，其生產與管理邁入生產自動化之紀元。在此生產自動化下，所採用之技術含有：㈠工業機器人（industrial robot）、㈡彈性製造系統（flexible manufacturing system，簡稱 FMS）、㈢自動倉儲與搬運系統（automatic storage and warehouse）、㈣管理資訊系統（management information system，簡稱 MIS）、㈤自動裝配與電腦輔助測試（automatic assembly and computer aided testing）、㈥電腦輔助設計與製造（computer aided design and manufacturing，簡稱 CAD/CAM）、㈦電腦整合製造（computer integrated manufacturing，簡稱CIM）及㈧電腦輔助工程（computer aided engineering，簡稱CAE）等。

第四節　工業革命與工廠管理

　　十八世紀工業革命以前，人類的活動是以農業社會為主，在當時人類最需要的是糧食、在公元 1779 年英國人瓦特發明了蒸汽機，因此導致了工業革命。工業革命雖原先發生於英國，但其本質乃係由手工業生產轉變為利用動力機械加工生產所造成，這是世界文明進化的必然過程，因此此一革命先後對世界各國產生同樣的影響。也就是說，工業革命初期，以機器代替手工，以工廠代替家庭的生產場所，產生了下列社會問題：一、由於人工充裕，工資偏低；二、初期不適應機器生產，效率無從發揮。換個角度來說，工業革命初期，因為機器代替手工，英國社會造成工廠人員過剩，因過剩人員遭解僱而造成社會問題。

　　對工廠管理而言，工業革命所產生之影響為工廠的生產結構改變了、工廠的規模變大了、產量愈來愈多，因而引導出各種管理上的問題：人員的管理、物料的管理、品質的管理、生產管理、財務管理、薪資管理……等，這些問題均有待廠主去設法解決及改善，從而有「工廠管理」之誕生。

第五節　管理之發展過程

管理的發展過程，可劃分成四個發展時期，今與別說明如下：

一、傳統管理時期（traditional management）

在工業革命以前，人們所使用的管理方法及工作方法，大致是全憑過去的經驗，師傅傳徒弟的方式沿襲下來的，也就是係依過去的傳統及習慣而來的。管理的型態是一種垂直、由上而下直接控制的。故此一時期又稱為經驗管理時期。

二、科學管理時期（scientific management）

所謂科學管理乃是應用科學方法來分析研究管理問題，從而建立合於科學的管理制度。在工業革命之後，企業規模日漸擴大，過去私人導向的管理方式，逐漸被工作導向的管理方式所取代，「企業所有權」逐漸的與「企業管理權」分開來，管理工作也漸現其專業性。今將傳統管理與科學管理在特性上之不同，列如表 1-5.1 做一比較。

茲將此一時期的代表人物分別說明如下：

管理型態 比較項目	傳統管理	科學管理
1.經營之目標	維護和擴大所有者之權益	謀求勞資雙方永久之利益
2.管理方法	按經驗和傳統之習慣	以科學方法來研究與改善管理之問題
3.工作方法	模仿及因襲	以科學方法來研究與改善
4.管理性質	私人導向	工作導向
5.控制型態	一人、直接控制	直接控制但非一人
6.管理工作	非專業性質	專業性質
7.所有權與管理權	不分	分開

表 1-5.1　傳統管理與科學管理之特性比較

👍 泰勒（Frederick W. Taylor, 1856-1915）

泰勒最先提倡科學管理，因此他被尊稱為「科學管理之父」；同時，他也被尊稱為「時間研究之父」，因他最先提倡時間研究。他於 1856 年出生於美國賓州費城的德國鎮（Germantown）。他家境富裕，年輕時曾在德、法及義大利唸書，後來大學教育時，因眼疾而輟學，遂於 1878 年進入密德威爾鋼鐵公司（Midvale Steel Co.），初期從工人幹起，由於他天資過人，逐漸的升遷，歷經書記、技工、領班、主任，最後獲得史蒂文斯學院（Stevens Institute）機械工程碩士而提升至總工程師。

泰勒於 1895 年提出的論文「計件工資制度」（a piece rate system）中，主張採用「差別計件率」（differential piece rate）的制度，並認為這種制度原則上可適用於任何採用差別工資的組織中。

1898 年泰勒受僱於伯利恆鋼鐵公司（Bethlehem Steel Co.），進行

了幾項有名的實驗,包括: 1.鐵塊搬運的實驗; 2.鐵砂和煤粒的鏟握實驗;及 3.金屬切削實驗。

於 1903 年泰勒發表了「工廠管理」(shop management)一篇論文。

最後在 1911 年,泰勒綜合他全部的經驗和創見,出版了《科學管理的原理》(The Principles of Scientific Management)一書,並提出有名的「科學管理四原則」。其四原則如下:

1. 對於每一位工人的每一項工作進行科學分析,尋求最佳工作方法,以取代原有的經驗法則。簡言之,那就是研討最佳工作方法。
2. 使用科學方法甄選工人,訓練工人之工作技能,而非由工人自行摸索。簡言之,那就是選擇最恰當之工人。
3. 雇主應與工人誠心合作,以推行科學方法與原則。簡言之,那就是管理者與工人合作。
4. 劃分管理者與工人間之工作,使均負有相當之責任,以矯正過去將責任均委任工人之弊。簡言之,那就是管理者與工人分工。

 費堯(Henri Fayol, 1841-1925)

科學管理運動的學者和專家們,他們的研究和貢獻主要在於工廠中作業的管理,屬於組織中較低層次的作業階層,包括工人和領班而已。由於中層和高層管理者人數逐漸增多,使得中高階層管理理論的研究,開始受到重視。這些研究人員企圖發展一些普遍可應用於中高階層管理工作的原理或原則。在這些研究人員當中,以費堯的貢獻最多,因此他被尊稱為「現代管理理論之父」或「管理程序學派之父」。

費堯是法國人,於 1860 年受僱於法國 S.A.Commentry-Fourch-Ambault 礦業公司的工程師，1888 年升任總經理，他運用管理方法，使此財務已面臨破產的公司轉變為健全。費堯首先將中高階層的管理功能分成五方面：即計畫（planning）、組織（organizing）、指揮（directing）、協調（coordinating）及控制（controlling）。能正確地執行這些功能的人，便是有效的管理者。

1916年，費堯出版了其著名的《工業及一般管理》（Industrial and General Administration）一書。在該書中，他認為不論企業之種類、規模之大小都必須完成下列六種活動：亦即必須具備下列六種功能：

1. 技術功能：生產、製造。
2. 營業功能：採購、銷售及交換等。
3. 財務功能：資金的取得及運用。
4. 安全功能：商品及人員的保護，設備及員工的安全。
5. 會計功能：盤存、會計報表、成本核計、及統計等。
6. 管理功能：計畫、組織、指揮、協調及控制等。

費堯分析了這六種作業後指出，工人的主要特徵是技術能力，但隨著組織層級的提升，技術能力的重要性相對的降低，而管理能力的重要性卻相對的增加。費堯在該書中提出十四項原則，以供一位有效管理者的參考。此十四項管理原則（principles of management）如下：

1. 分工（division of work）：工作效率化的分工，可應用到技術與管理的工作。
2. 權責對等（authority and responsitility）：權力與責任應對等，有權必有責，有責必有權，否則無法完成事務。
3. 紀律（discipline）：紀律必須重視及維持，若有不守紀律的事情，應接受懲誡。
4. 統一領導（unity of command）：統一領導係指一個員工受一個主

管的領導，如此命令及工作指示可以專一，不致使員工無法適從。

5. 統一指揮（unity of direction）：大家在同一人的指揮之下，向同一目標邁進。

6. 團體的利益高於個人的利益（subordination of individual interest to general interest）：利益若有抵觸，管理應該協調，並且應以團體利益為主。

7. 獎酬公平（remuneration of the staff）：員工薪酬制度應公平合理，績效優良者應給予適度獎勵。

8. 集權化（centralization）：組織管理應有適度的集權，集權的程度視組織工作性質而定。

9. 組織階層鏈鎖（the hierarchy scalar chain）：組織由最高層到最低層的權力路線，應有完整的層級劃分及鏈鎖關係，以確保指揮的統一。同一層級仍可進行水平的協調，直接快速的水平溝通，應事先取得上級主管的許可，於事後又應報告主管知道，此乃稱為「跳板原則」（gangplank principle）。

10. 秩序（order）：任何事物和人員均各有其崗位，不可混亂。

11. 公正（equity）：公正是合情與合理的相結合。

12. 職位穩定（stability of staff）：應給予員工一穩定之工作任期，使其能適應而後能發揮效能，並減少人員流動率。

13. 進取性（initiative）：應鼓勵員工主動及創新的精神，使企業充滿活力與熱誠。

14. 團隊精神（esprit de corps）：主管應強化員工的團結及協調合作的精神。

基本上，費堯與泰勒之出身並不一樣，泰勒是由現場累積經驗，逐漸往上升遷的；而費堯可說是一開始就擔任一公司的經營管理者。

故二人的管理哲學會有所不同，茲以表 1-5.2 列出其不同之處。

人　物 比較項目	費　堯	泰　勒
1.管理之論點	由上而下	由下而上
2.觀點	重視人之因素	重視組織與配合
3.主張	指揮統一，管理統一	職能多元制
4.服務之處所	變動少	變動大
5.管理理論	須從計畫、組織、指揮、協調及控制者管理機能及十四項原則來綜合考慮	應設計各種程序、方法、技術，以提高管理效率

表 1-5.2　費堯與泰勒管理思想之比較

👍 吉爾伯斯夫婦（Frank B. Gilbreth, 1868-1924; Li-liian M. Gilbreth, 1878-1972）

　　吉爾伯斯出生於美國的緬因州（Maine），他與泰勒是同一時代的人物。因他在人員操作動作的研究上，有很傑出的成就，因此他被尊稱為「動作研究之父」。他於 1904 年與心理學家麗蓮吉爾伯斯結婚。

　　吉爾伯斯於十七歲時，進入了建築界，從砌磚工學徒做起。在學習過程中，他發現訓練他砌磚的師傅，所用的方法漫無標準，教他時是一套方法，但自己砌磚時又用另一種方法，緊急趕工時則又是另一種做法。吉爾伯斯感到很複雜且納悶，為什麼要用這麼多不同的方法來砌磚，難道沒有一種最理想、最簡捷、最完美的方法嗎？當然，數種方法比較之下，一定有一種有最理想的方法，吉爾伯斯因此開始尋求後來他最成名的「唯一最好的工作方法」；這也就是吉爾伯斯的工

廠管理理論。

　　吉爾伯斯研究工作的各種「動作」是由砌磚之動作開始的，起初他發現砌磚有十七種動作，經他細心的觀察及分析，這些動作有些可以合併，有些動作可以省略，如此一來，砌磚的工作時間就可以節省。後來他又設計一可調節高度的磚架，置磚位置可隨砌磚漸增的高度而漸增高，避免工人必須彎腰動作而浪費時間且增加疲勞，經過他的研究，結果使原來每小時砌磚 120 塊，提高到 350 塊。

　　其後，吉爾伯斯與他的太太麗蓮共同從事於動作研究（motion study），經二人結合了彼此的專長，而開始為尋求更好的工作方法而努力，動作的影片分析便是二人第一項傑作，用來做為動作研究分析之用。

　　吉爾伯斯並發現人類的動作是由一些基本的動作單元的構成，這些基本動作單元共有十七項，並將稱之為「動素」（therbligs），乃是將其姓倒過來寫的，以紀念他對於科學管理的貢獻，利用這些動素便可對運動做較細微之分析。這是一項相當大的貢獻。

甘特（Henry L. Gantt, 1861-1919）

　　甘特與泰勒是同時代的人，因甘特亦曾在密德威爾鋼鐵公司服務，與泰勒為同事，並且和泰勒共同研究科學管理理論，他重視利潤問題，並研究如何領導（leadership）與激勵（motivation）的問題。

　　甘特於 1917 年提出所謂的甘特圖（Gartt chart），以橫軸代表時間，縱軸代表機器、人員或部門，這是一種很簡單的圖表，但卻是控制生產與計畫生產的一項有效的工具，在當時被視為是一種革命性方法；也就是說，甘特在管理上最大的貢獻是甘特圖。由圖上記錄，可

以知道在什麼時間內計畫做什麼工作，至那一天，什麼工作已經完成，什麼工作還沒完成；如此，可以對遲延與落後的工作，進行補救方法：

三、行為管理時期（behavior management）

當費堯之管理理論大行其道時，卻有一批研究人員對人類之行為層面產生興趣，而有了人群關係哲學的開始。最早對人類行為和人群關係有貢獻的是梅友（E. Mayo）及巴納德（C. Barnard）等人，而其中最有名的一個研究叫霍桑研究（Hawthorne study）。

霍桑研究包括四個主要階段：㈠工廠照明實驗，㈡繼電器裝配試驗，㈢全面性的面談計畫，㈣接線工作室觀察研究，茲分別詳述如下：

🖐 工廠照明實驗

霍桑廠，係美國西方電氣公司（Western Electric Co.）位於伊利諾州芝加哥市附近的一個工廠。該公司於 1924 年與美國國家研究會（National Research Council）合作進行一項有關照明度和工人生產效率關係的研究計畫，這項研究進行了二年半，雖然利用了很多方法，但是卻找不出照明度和生產量間的確實關係。令人驚訝的是，當照明度增加時，生產量雖然增加，但將其減弱時，工人的產量不但未如預期發生減低的現象，反而繼續上升。這次實驗雖然沒有成功，但卻顯示出：除了實際工作環境以外，一定還存在有其他重要因素影響生產效率。

於是公司邀請了梅友、懷特海（T.N. Whitehead）、羅斯里斯伯格（F.J. Roethlis Berger）三位哈佛大學教授做進一步的研究，以發掘可能存在的社會及心理因素。他們的研究從 1927 年開始，到 1932 年結束，時間長達五年，其分為下述三個階段。〔註：不包括工廠照明實驗階段因它已做過。〕

繼電器裝配試驗

第二個階段的實驗，是在繼電器裝配室進行，旨在研究工作環境、工作時間長短和休息時間等工作條件與生產量的關係。此次係以女性工人為單位，先選擇兩位女工，讓她們各選出二位她們所喜歡的女工，合成六人，集中於被隔離的試驗室來裝配繼電器。若安排了給予休息時間及縮短每天的工作時數，結果產量增加了。這和原來的假設，即休息可以減低疲勞而增加產量相符合。研究人員乃認為作業條件若回復為原先情況，工人會因失望而使產量急降。但出乎意料之外的，當取消休息時間和所縮短的工作時間時，生產量卻反而增加。此項發現便是所謂的「霍桑效應」（Howthorne effect），也就是當員工受到重視或受到注意或知道被觀察時，產量會提高。其產量並不是因工作條件的改善而增加的。此項研究結論使梅友等人轉而開始研究社會與心理因素對工作生產效率的影響。

全面性的訪談計畫

第三個階段為一個大規模的面談計畫，在三年中共訪談了二萬一千多名員工。首先由研究人員問問題，但在訪談中發現，員工仍有戒

心，因此得不到受訪員工對公司督導方式和其他制度的態度反應。而且訪問者認為重要的問題，不一定是員工所重視的。因此後來改由受訪員工自行選擇適當的話題，也收集了相當多員工態度的資料，由此資料證實了員工的工作績效會受到其他同仁的影響。因此說明了工作環境中「社會因素」的存在及其重要性。

接線工作室觀察研究

第四個階段針對配電盤接線工人的群體行為研究，研究人員以六個月的時間，深入觀察配線室的十四位男性工人，而發現了「非正式組織」（informal organization）。在這個小集團裡，員工個人間有著共同的情緒及態度，並自行設定他們認可的生產限額（production quota）及行為規範，而這些常與管理當局的規定發生衝突。在非正式組織中所設定的標準對個人行為甚有約束力，如果不從就會受到排斥，但一旦被接納，彼此間的友情、幫忙又會充滿人情味。

由於霍桑研究得到重大啟示，奠定了「行為」或「人群關係」學派的理論基礎，認為要提高生產效率，不能只強調員工的標準操作方法、標準時間、工作環境、工作條件、獎工制度等，更應該重視員工的社會環境和人際關係。

由於行為管理的發展，使現代企業管理的核心從「物」的管理，進而為「人」的管理。

四、管理科學時期（management science）

所謂管理科學乃是綜合應用數學、統計學及電腦科學的技術與方

法，以數學模式來解決企業決策問題，經過對問題作系統分析之後，提供最佳行動方案，以供決策者決擇，其目的在有效的運用資源，並尋求整體系統效能的提高。簡言之，管理科學是所有幫助主管人員作決策的數量性技術；也就是說管理科學是從數學的模式導出解決問題的方法。所以它又稱為數學管理，或計量管理。

是先有科學管理，然後再發展成管理科學，故管理科學可說是科學管理的延伸，兩者相輔相成，雖然兩者都強調應用科學的方法來解決管理上之問題，唯兩者並不相同，很容易模糊，其區別如表 1-5.3：

項　目＼方　法	科學管理	管理科學
1.重點	在於生產方面	在於決策程序上
2.對象	工作者	決策者
3.解決問題	僅解決工作階層之工作問題	對問題可提供最佳答案
4.觀念	個別的	整體的
5.目的	提高生產效率	以合理的手段達成整體最佳目標及有效運用資源

表 1-5.3　科學管理與管理科學之不相同處

管理科學之方法有如：（只提到二種名稱，其實有不少）

1. 作業研究（operation reseasch，簡稱 OR）
2. 計畫評核術（program evaluation & review technique，簡稱 PERT）

現在讓我們來略談現代的管理思想以及未來的管理理論。如下：

自從第二次世界大戰以來，對於管理已有許多研究，就如前面所述，早期的泰勒、費堯、梅友等人的觀念，都已被後來的學者所擴充，結果是～至少現在是如此～管理理論已經到了被稱為「學派」

（school）的階段了。依有關學者的說法，現今管理思想的學派最主要的有：管理程序學派、行為學派和計量學派（計量學派又稱為管理科學學派）等三個學派。而未來管理理論可能走向系統管理及權變管理等兩個方向。系統管理（system management）是以全面性系統的觀點及企業組織整體性的觀點來處理管理問題，系統管理視企業組織內是由若干內部部門單元所組成，並重視這些單元間的相互作用及互動關係，而這些內部部門單元彼此之間在互相作用下，完成了整個組織的目標。簡言之，系統管理是結合管理程序、行為學派、計量學派等各學派之思想，並提倡系統性及整體性觀念，對問題做全面性及整體性的考量，進而達成企業組織的整體目標。至於權變管理（contingency management）也稱為因勢制宜管理，認為沒有一個學派可以適用於所有的情況（situation），管理者應該視各種情況的不同，而採取最有效的解決方法，亦即任何管理措施，不能依固定的原則，而必須權衡環境情況和利害得失，因勢制宜，全盤解決組織的問題。

第六節　近代工業的特質

近代工業最主要的成就就是加工機械不斷的研究創新，在精益求精的精神下，一直發明新機種，目的無非是追求大量生產、穩定品質，降低成本。當然，一地區或一個國家工業的特質與該國工業開發的程度會有所不同，先進已開發國家，不只在機械化工業已有很了不起的成就，而且更在科技的配合之下，朝自動化邁進；而開發中或未開發國家其發展的工業特質就不同於先進國家了。今以開發中的國家為例（如以台灣為例），其近代工業的特質，可歸納如下：

一、機械化（mechanization）

儘量以機械代替人工，以新式機械代替舊式機械，機械化之效益是，生產效率增加，產品品質改進。

二、自動化（automatization）

現代工業不僅以機械化為原則，而且競相採用自動或電子控制，故有人謂之按鈕工業（push button industry）。此處之自動化與經由電腦而達成之生產自動化（automation）不相同意思，因已開發國家講求的工廠處處是 automation。

自動化之效益是，增加生產速率，減少用人數量，簡化生產程序，降低生產成本，提高產品品質。

三、大量生產（mass production）

產品壽命較長者，應儘量採用連續性的大量生產，如生產轎車。其優點是：可節省人工及生產成本，將成本平均分攤於每一件產品上，故產品可便宜，並可選用最優良機器與人才。

四、擴大化（expansion）

目前的企業均以擴大其本身組織與業務為重要要務，擴大之道不外下列兩法：

㈠縱（指上下）的擴大：同時經營若干他種有關工業，以自行供
　應其本身所需要之主要原料。如軋鋼廠可同時經營開煤礦、鐵
　礦、煉鐵、煉鋼等相關工業，其利益有三：
　　1.可節省因購買時運輸上的費用。
　　2.可減除他人利潤。
　　3.可避免他人操縱。
㈡橫（指左右）的擴大：合併若干同類小型工廠，以成為一個大
　型工廠。如意大利的菲亞特（Fiat），日本的三菱等，其利有
　三：
　　1.可集中管理工作。
　　2.可減低生產成本。
　　3.壟斷或獨佔市場。

五、標準化（standardization）

所謂標準化就是制定標準。如影印紙張有 A4、B4 等規格，其大
小固定了，這就是標準化。在工廠裡，也有如產品標準化、原料標準
化及設備標準化等。

六、專門化（specialization）

專門化事實上即是分工，它是分工的應用，故可說專門化是分工
的結果，分工是專門化的先決條件。分工專門化又可分為人的分工與
物的分工。人的分工又分職業分工與個人分工；物的分工又分為機器
分工與產品分工。今把專業分工詳述於下：

㈠職業分工：因個人職業之不同而分工，如士、農、工、商。

㈡個人分工：因個人之專精不同而分工，如車工、鉗工、焊工等。

㈢機器分工：因機器之作業性能不同而分工，如通用機器、專用機器等。

㈣產品分工：一種產品常由多數零件裝配而成，此諸零件可由各廠分工製造，然後集中裝配，如此可使產量增加，成本降低。

七、單純化（simplification）

即是化複雜為簡單，化錯綜為單純，亦即是減少生產的種類與簡化生產過程。

所謂之「3S 運動」，它包括標準化（standardization）、專門化（specialization）及單純化（simplification）。

八、合理化（rationalization）

所謂合理化就是由工廠佈置開始就有計畫的安排，使工廠在製造方法上，員工生活環境上，及管理問題上，一切都是在計畫設計中求得最合理的方式；在實際的合理化作業上，必須具備近代管理科學的技巧，各種設計都經過統計，數據的收集正確資料，利用電腦以作業研究等的最新管理科學的方法去分析並下決策。

合理化是理想的工廠管理方式，配合電腦的發展下必定有極輝煌的成就。

九、多角化或稱多元化（diversification）

現代工廠的經營或基於危險分散之原則，或兼營副業，或充分利用副產品，或增加新產品、新型別、新服務等，均已傾向多角化之經營。

多角化不會與單純化起衝突，理由是多角化因產品項目太少，故要多角化；而單純化則是因產品項目太多，不能專精製造，故要單純化。

十、組織儘量單純化。
十一、重視員工福利。
十二、集中化（aggregation）

現代企業有的以集中為原則，如苗栗縣的三義鄉以雕刻業聞名，又如台北縣的鶯歌鎮以陶瓷工業聞名。

十三、現代化（modernization）

現代工業只要經濟許可，無不對生產設備、工廠佈置、製造方法及管理原則等力求現代化，以免落伍，如工作母機演進至電腦數值控制機如 CNC 車床；又如辦公室 OA（office automation）自動化；以及如廠內民主，參與式管理的實施。

十四、彈性製造系統（flexible manufac-turing system，簡稱 FMS）

　　無人化自動生產已成為先進工業國主流生產型態。

　　要等待到第三章第三節工廠佈置的原則及型式時，才來詳細介紹FMS。

十五、電腦整合製造（computer integrated manufacturing，簡稱 CIM）

　　系統整合方向研究開發，是日後工業科技的潮流。

十六、電腦輔助工程（computer aided en-gineering，簡稱 CAE）

　　能使用電腦輔助工程，還是儘量使用之。

　　在台灣近 40 年來，由於經濟的快速成長，產業結構很明顯的已從農業走向工商業。在台灣目前的工業，傳統加工及勞力密集或高污染性的工業，已經是喪失市場競爭能力。因此，台灣工業的發展趨勢惟有走向：

一、專業化經營。

二、合理化分工。上、中、下游工業整合。

三、自動化生產。

四、研究開發高科技、高品質產品。

如此才能在世界性經濟環境中競爭。

政府也積極在制定產業升級之輔導政策，如在公元 1992 年通過
「十大產業」、「八大技術」為台灣今後的重點發展工業，制定產業
升級條例的獎勵及輔導重點。

十大產業

是通信、資訊、消費性電子、精密機械與自動化、高級材料、半
導體、特用化學品與製藥、航太、醫療保健和污染防治。

八大技術

是光電、軟體、材料應用、能源節約、生物技術、高級感測、產
業自動化和資源開發。

而這十大產業及八大技術正符合政府「兩大、兩高、兩低」的原
則。何謂兩大、兩高及兩低的意思？那就是：兩大是指市場潛力大，
產業關聯性大；兩高是指附加價值高，技術層次高；兩低是指污染程
度低，能源依賴性低。根據經建會的評估，這十大產業及八大技術，
不僅會帶動新產業的成長，也會提升傳統工業的生產力，將此應用在
服務業上，則能提高服務業的品質，間接也直接促進產業的升級步伐。

為了提升生產力，員工生活品質與工廠管理有關的內在因素包
括：1.公司內勞資關係的和諧，2.工作時間與上班方式符合個人時間
的運用，3.公司福利措施，4.公司內美化及安全衛生教育與檢查，5.
個人參與公司提升生產力活動的機會，6.醫療措施（如眷屬醫療補助

及急難救助），7.建立員工財產形成制度（如儲蓄購屋及分紅入股）等。至於外在因素的生活品質包括：1.是否子女就學方便，2.家居的噪音隔離，3.薪資收入與家庭生活品質的相關程度，4.文化資源的取得運用，5.遊樂設備的安全與衛生等。此兩者，即內在因素與外在因素同等重要，企業經營管理也應列入規劃及輔導，以安定員工的生活品質。

在二十世紀裡，由於工業技術的突破，使得工業的進展超過任何一個時期，例如電腦的應用，自動化的創作，以致於在近代工廠管理方面也進展了許多新觀念與新方法。這些新觀念與新方法包括：1.組織層級大幅減少，愈來愈多的工作都整合在一起，減少許多不必要的職位結構。2.許多基層主管都獲得升遷，負責的項目增多。3.決策權與決策工作將有更多的現場作業人員參與。4.採行更多的諮詢決策，以便取得其識。5.高階層主管對於各項計畫和執行有更多的參與。

第七節　工廠之生產程序

工廠之生產程序是否良好，影響工廠之生產效率甚鉅，因此工廠莫不致力於生產程序之研究，以最有效之生產程序，以便提高工廠生產效率。工廠界業生產程序、大致可分為：一、連續生產程序（continuous process）、二、斷續生產程序（intermittent process）以及三、混合生產程序（mixed process）三種。今分述於下：

一、連續生產程序

所謂連續生產程序,即將原、材料機器設備之一端投入,依順序前進,經過連續不斷的生產過程及固定之程序,到達機器設備之另一端,終於產出成品。如圖 1-2。一般而言,製糖工廠、紡紗廠、化學工廠、煉油廠等,均採用連續生產程序。

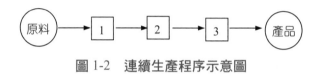

圖 1-2　連續生產程序示意圖

連續生產程序之工廠,又可區分為二類,即:

㈠綜合連續生產程序(synthetical continuous process)

㈡分化連續生產程序(analytical continuous process)

綜合連續生產程序就是在連續生產程序當中,綜合多種原料,而製成某一種產品之生產程序。例如水泥廠,煉鋼廠、製藥廠、造紙廠等工廠之生產程序,就是綜合連續生產程序。今以圖 1-3 來表示綜合連續生產程序。

分化連續生產程序係指一種原料經過一連串連續生產程序之後,而分化成數部分的產品,其中一部分為主要產品(main products),其餘部分為副產品(by-products)之連續生產程序。如圖 1-4。一般而言,麵粉廠、榨油廠、煉油廠、製糖廠等工廠之生產程序為分化連續生產程序。

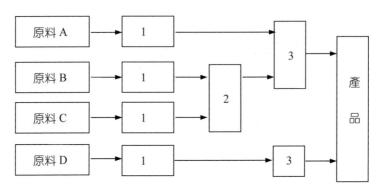

圖 1-3　綜合連續生產程序示意圖

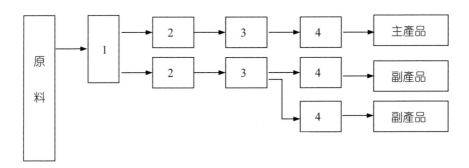

圖 1-4　分化連續生產程序示意圖

二、斷續生產程序或裝配生產程序

　　斷續生產程序（intermittent process）或稱裝配生產程序（assembling process），是以多種不同之原物料，加工製造成各種零件或半製品，最後集合在裝配線（assembling line）上，裝配成產品之生產程序。這種生產程序的生產工廠，一方面由各單位或外包製造成各種大小零件，一方面由最終裝配單位將完成的大小零件及半製品裝配成為完整的產品。如圖 1-5。一般而言，汽車製造廠、電視機廠、造船廠

等的生產程序即為斷續生產程序或裝配生產程序。

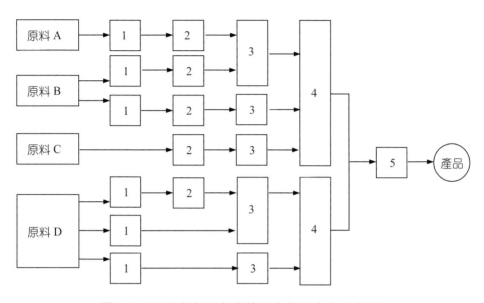

圖 1-5　斷續生產程序或裝配生產程序之示意圖

三、混合生產程序

　　混合生產程序（mixed process），是指在大規模的生產工廠中，因產品種類多，生產程序十分複雜，有連續生產程序，又有斷續生產程序或裝配生產程序，有此兼而有之的生產程序，謂之混合生產程序。易言之，混合連續生產程序與斷續生產程序或裝配生產程序之生產程序，是為混合生產程序。

第八節　工廠的生產型態

　　工廠的生產型態，大致說來，可分成下述兩種型態：

一、從工廠使用機器設備之時間長短及重複性加以區分，工廠的生產型態可分成連續性生產與斷續性生產。

二、從顧客訂貨方式加以區分，工廠的生產型態可分為存貨生產與訂貨生產。

　　此兩種工廠的生產型態，其意義及特性分述如下：

一、連續性生產（continuous production）又稱存貨生產（inventory production）

　　其意義是：係指在工廠之一端將原料投入後，依照其製造程序，經過連續不斷的製造過程，最後產品在工廠之另一端產出的生產方式。其特性是：在連續生產之下，產品品質穩定，生產設備固定，製造程序不變，產品設計經過標準化，且產品之產量較多，機器差不多是專門機器且多為單一用途的機器，適合於大量生產。

二、斷續性生產（intermittent production）又稱為訂貨生產（order production）

　　其意義是：係指一次機器的籌備（set-up），其使用期間極為短

暫，若要製造下一批的訂貨，機器就得重新再籌備。其特性是：在斷續性生產下，產品品質變化較大，產品設計沒有標準化，為訂單控制的製造，產量較少，機器差不多全是通用機器。不適於大量生產，通常適用於一般小型的機器廠。

習題

1. 何謂企業管理學裡之「九 M」要素？

2. 何謂工廠管理「九 M」要素？

3. 何謂科學管理之「八 M」要素？

4. 何謂管理之「六 M」要素？

5. 何謂管理？

6. 何謂工廠？何謂工廠管理？

7. 生產要素包括那幾項目？

8. 何謂生產力？生產力與生產能力之區別在那裡？生產力如何提高？

9. 什麼是工廠管理之七大管理業務？工廠管理之七大管理業務又可稱之為什麼名稱？

10. 試畫圖說明低階與高階層人員，對技術及管理知識所具備之程序如何？

11. 工廠管理制度依經營型態及變化的時間順序，可區分為那三種制度？

12. 在先進已開發國家之工廠裡，其生產與管理邁入生產自動化之紀元。在此生產自動化下，所採用之技術有那些項？

13. 管理的發展過程，可劃分成那四個時期？

14. 試詳述傳統管理與科學管理之特性比較。

15. 簡言之，泰勒之科學管理包括了那四個原則？

16. 泰勒被尊稱為什麼？費堯被尊稱為什麼？吉爾伯斯又被尊稱為什麼？

17. 在工業革命以前，人類所需的消費物品如何取得？

18. 費堯把管理功能分成那五項（要按照順序寫出）？

19. 試詳述費堯與泰勒在管理思想上之比較。

20. 試說明甘特的管理理論及其創見？

21.何謂霍桑效應？

22.簡言之，何謂管理科學？試舉其中之 2 個方法。

23.試詳述科學管理及管理科學之區別？

24.現今管理思想的學派最主要的有那三個學派？又未來管理理論可能走向什麼學派？

25.試述開發國家中的近代工業之特質？

26.自動化（automatization）與自動化（automation）有沒有區別？如何解釋？

27.在近代工業特質中之現代化，它指的是何意義？試舉三個例子？

28.試述在近代工業特質中之擴大化時，其擴大法分成那兩種？試分別舉例以及說明其利益。

29.那種產品適合於連續性之大量生產？試舉一例，並說明大量生產之好處。

30.試詳細說明專業分工之方式。

31.何謂「3S」運動？

32.在近代工業之特質中，有所謂的多角化及單純化，此兩者會不會有矛盾？如何解釋？

33.試說明台灣工業應發展的趨勢如何？

34.何謂政府推行的十大產業與八大技術？

35.何謂兩大、兩高、兩低的工業政策？

36.試述員工生活品質與工廠管理有關的內在因素？

37.試述員工生活品質與工廠管理有關的外在因素？

38.近代工廠管理的新觀念與新方法如何？試述其要點。

39.工廠之生產程序可分成那三種？

40.連續生產程序之工廠可區分為那二類？試詳述二者之定義？並舉例之？

41.何謂混合生產程序？詳述之。

42.試述工廠的生產型態分為那兩種？並詳述二者之意義及特性。

43.何謂斷續生產程序或裝配生產程序？並舉例之。

44.何謂管理循環？

45.以前人們說管理是工業之母，是否有錯？應該如何講？為什麼？

2
工廠組織

第一節　工廠組織之意義

　　組織最簡單的定義為：集合一群人，以達成共同的目標。由此推之，工廠組織即為：在工廠內集合一群員工，以達成工廠員工共同的目標。

　　然而工廠並非僅一群人的集合，同時也是一些「事」和「工作」的集合，使工廠之作業更有系統，更能協調合作。因此，工廠組織除了是以人為中心外，還牽涉到職位、層級等組織結構的工廠系統，因此工廠組織中必須確立各部門之職責以及各部門間之相互關係，同時也應確立指揮監督與協調合作的系統，如此才能使工廠各部門之任務得以順利進行，使工廠之共同目標能更積極、更容易地達成。

第二節　工廠組織的原理

　　工廠組織、無疑的，人都希望藉著組織的力量來幫助生產，賺取利潤。

工廠組織原理，主要者不外下列諸點：

一、目標原理

任何企業、工廠、事業均有其一定之目標與任務，其組織必須確能適合此項需要，亦可以最高績效來達成此一目標。

二、活動分類原理

任何組織內皆含有甚多之活動或任務，故可按其功用分成若干工作部門，如製造、品管、研發、會計及總務等。

三、管理幅度原理

個人之能力有限，因此管理者不能同時直接指揮數百數十人之活動，此一限制現象，在組織和管理上，稱之為管理幅度，即管理者直接且有效地監督部屬的人數。在高級主管為 5～7 人；在基層主管為 10～15 人，最多最好不要超過 20 人。實際監督人數，受到下列因素的影響很大：

㈠主管的能力：主管的能力若很強，很有才華，其監督人數可增加，可節省層次關係且有效的控制。

㈡主管之工作性質：主管的業務若簡單，無需每件業務皆與部屬接觸，則監督人數可多；反之，若主管業務複雜，則監督人數不宜太多。

㈢主管層次：一般高階層主管所能監督人數較少，低階層主管所

能監督人數較多。這是因為高階層主管所規劃的業務層面較廣。

㈣部屬的能力：部屬的能力若很強，大部分的業務可自行解決或其處理的業務值得信任，則主管可監督較多之人。

四、權責相稱原理

只要在組織上之階層劃分詳細，每階層之職掌及權利規定明白就可以。責任乃隨權力而來，權力在那裡行使，責任就在那裡產生，職位愈高，權力就愈大，責任就愈多，有多少權限，就該負多少責任，此即所謂的權責相稱。

五、分工原理

分工是工廠推動專業化的動力，其目的在使同等數量之人能完成更多的工作，產生更多的產品。分工之利益有：㈠增進工人工作之熟練，㈡節省時間，㈢技術易熟練，從而充分提高工作效率。

六、協調配合原理

組織內所有各工作部門必須充分互相協調配合，方能發揮組織的力量，完成組織的功效，若組織無協調配合則等於無組織，所以說「組織就是配合」，其理在此，組織是軀殼，配合則是組織之靈魂。

七、指揮統一原理

組織內的工作人員在其職位上，不得接受兩個人的指揮，指揮之權必須集中，指揮統一則能貫徹指揮命令，指揮若不統一，部屬無所適從，故指揮命令難以貫徹。所謂組織指揮統一原則包括下列四項：㈠一個屬員應當只有一個直接主管，㈡每一主管應知道「我向何人報告」及「何人向我報告」，㈢不可越級指揮，㈣幕僚人員不可直接指揮其所屬單位之有關工作人員。

八、組織級層原則

組織級層之多寡因工廠規模、性質而異。大致說來，工廠規模大組織級層多，工廠規模小組織級層少。然而為追求組織之績效，工廠組織應力求簡化，組織級層在合理化之限制下，愈少愈好。

要建立一種工廠組織，必須遵照工廠組織原理來建立。

第三節　現代化技術與工廠組織的現代化

什麼才是良好的工廠組織呢？簡單地說，適合於工廠經營的體系即是良好的工廠組織。

什麼是現代化的技術？不外乎是電腦輔助設計（CAD）、電腦輔助製造（CAM）、電腦輔助製程計畫和製造資源計畫、和其他各種自動化設備。同時，由於這些設備的整合運作和技術不斷的突破，生產

線上少量多樣的加工作業，有愈來愈多的趨勢，亦即所謂的「混流生產」；此「混流生產」指的是現代生產線上少量多樣的加工作業。它已較能為工業界所採納，不若傳統工業時代，所謂單功能機器的大量製造生產線系統，才是降低成本的方法。

　　影響所及，現代化製造技術下的工廠經營，下面四項因素，已是相當重要的追求因素：

一、需具備高度技術水準、有應變彈性、合作和全力投入的工作團隊（workshop），包括工廠組織幹部具有「高度技術」之管理資訊已是不可或缺。

二、管理功能方面，需有適當的創新、彈性和高度的互相依賴的行動。

三、具備持續發展的潛能。

四、經營者與勞工之間更須和諧，同心協心以提升技術層次及管理效率。

　　現代化工廠經營所追求之因素，尚須工廠優秀幹部去完成，所以現代化工廠經營的幹部所需具備的條件已不像從前傳統工業時期那樣，只要「技術老練」就可，或者「資深的」就是好的觀念；也就是說，現代適任的工廠幹部會影響工廠的績效。

　　適任幹部應具備的條件是為：㈠理念必須一致，㈡具行動力者，㈢勇於負責者，㈣具多種能力者，㈤能對品質、交期與客戶服務精神皆兼顧者，㈥能遵守公司規章者，㈦個性能與他人配合者，㈧具消費者導向思考者。

　　由於資訊與自動化技術的高度整合，每項工作都需要技術人員更高度的技術層次和更多的精神投入，且工作與人員間的依賴程度將提高。在工廠組織裡的現代技術的生產線上將有下列的變化，是有別於傳統工業時期的。

㈠在工廠組織裡，所有的活動，都呈現更為緊密的互賴性質。

㈡需要更多層次較高的技術項目。

㈢任何錯誤或故障所導致的損失加大，且容許停機的時間大幅縮短。

㈣產能受到人們技能、知識及態度影響的程度加大。

㈤更具彈性與應變能力。

㈥每名員工的平均資本投入增加，且廠房中員工人數大幅減少。

這種變化，直接影響到管理的理念，除了生產上要求「恰好及時」（just in time）的庫存政策和「第一次就做對」（make it right the first time）的品質保證外，工廠組織的建立與擴充應是內發的，是以個人為主角，個人潛力的發揮，便是工廠整體力量的發揮，工廠組織需要人力配合，而工廠組織是推動人力資源的橋樑，互相依存。

總之，不論工廠組織建立是否夠健全，現代科技整合的工廠現代化技術，以及人力資源的具備都是關係工廠經營的績效。除了循按工廠組織原理來建立工廠組織、珍惜人力資源的有效運用、並且慎選優秀幹部是保證工廠經營成功外，隨時掌握資訊，彈性的配合，如此工廠組織的現代化方是確實可行。

第四節　工廠組織的型態

現代企業組織的趨勢與特性是：一、運用授權與幕僚協調，二、彈性潛力的組織與才能發展，三、投資者之所有權與管理權日漸分開，四、研究發展機構普遍設立，五、組織隨時謀求發展，以具績效為原則，六、注重溝通管道，七、避免傳統層級式的官僚體制，八、聘請顧問。

傳統以來，金字塔組織一直是企業組織的主要架構。

未來工廠組織之架構，中階主管會愈來愈少，只存在高低層。高層負責設計、決策、分析等勞心工作；而基本階層負責操作、執行、電腦輸入等工作。

因授權可說是基本的管理功能，故管理者最節省時間的方法是學習如何授權，再說授權已是近代企業高層主管重要的課題。

工廠組織型態大致可分為下列七種：

一、直線式組織 （line organization）

直線式組織是一種純指揮體系，為工廠組織中最簡單的一種，源自軍隊，故亦稱軍隊式組織或分級式組織；它自首長至最基層人員以單一之命令指揮系統連結而成。每一工作人員只對一個主管負責並接受其指揮監督。此種組織最適用於小規模之工廠。如圖 2-1。

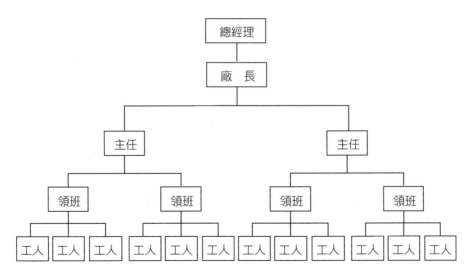

圖 2-1　直線式組織

直線式組織的優點如下：

1. 員工對其主管負責，主管有充分權力指揮部屬，集中指揮。

2. 權責分明，必須自行負責。

3. 組織簡單化，適合於小型工廠。

4. 決策簡單又迅速。

5. 工作易於進行。

但是直線式組織亦有其缺點如下：

1. 主管責任太重，沒有幕僚人員來輔佐，故主管難求。

2. 組織呆板無彈性。

3. 難收專業分工之效果。

4. 缺乏橫面之聯繫，即橫面之部門間無法協調。

5. 無法收集思廣益之成效。

二、功能式組織（function organization）

功能式組織亦稱為橫向組織（horizon organization），或稱職能式組織，乃是以橫向分工及專業化為其特質。功能式組織是由泰勒（F. W.Taylor）所創設，將工廠內執行的工作與計畫的工作分開，他主張將工廠依其功能之不同而分成四個管理部門，即準備領班（gang boss）、速率領班（speed boss）、修理領班（repair boss）及檢驗領班（inspector）。各類工作由具有專長者擔任，有權力指揮、監督每一個執行部門的工人，而工人直接向他們報告和負責。泰勒認為主管不能對每項工作皆精通，在直線式組織裡，只有一個主管，不可能對每項工作都處理很完美，因此，他認為應將工作按功能分開，各設專家如領班或工頭來主持，如此才能發揮各項工作，使之得到更大的效

果，也就是說，讓每位領班只負責其專長的那一部分，且就其專長之部分來教導工人。如圖 2-2 所示。

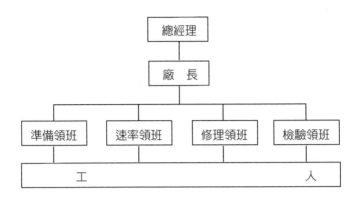

圖 2-2　功能式組織

泰勒對於四位領班的工作分類如下所述：

1. 準備領班：從計畫部門接到命令和指示後，安排其必要的機具、刀具、圖面、材料和設備以便於製造。

2. 速率領班：從準備領班處接受其所安排的一切，從事於並監督實際生產工作，要求合乎生產標準。

3. 檢驗領班：負責檢查製造中或已完成產品的規格品質。

4. 修理領班：負責機器之修理和保養，以保持機器之正常使用，並監督工人清潔和潤滑工作。

功能式組織之優點如下：

1. 能夠專才責任，工作效率高。

2. 計畫與執行分開，推動容易。

3. 功能劃分成較小的範圍，對各項功能的專業人才培養較簡單。

4. 適合於大型工廠。

功能式組織之缺點如下：

1. 工人受二人以上之主管指揮，無所適從。

2. 違反權責分明原則，易生糾紛。

3. 用人較多，增加成本。

4. 工廠業務變更，功能亦需變更。

功能式組織已不適用於今日工業社會。

三、直線幕僚組織（line and staff organization）

直線幕僚組織又稱為級職綜合式組織，為兼具直線式與功能式組織之優點而組成的組織。其在指揮系統上有如直線式之權責之分明；另設有幕僚人員（即專家）來佐理主管人員，幕僚人員僅提供建議、服務及協調工作，但並不能直接指揮工人，故又可收功能式組織之專業分工之效。

直線幕僚組織與直線式組織之不同處，在於各級主管人員不再負專門性的任務與責任；直線幕僚組織與功能式組織之不同處，則為各幕僚專家不直接對有關工人發佈命令，但仍可經由建議而透過各級主管人員來遂行其意向。因此，直線幕僚組織較適合中、大型企業，廣為現代組織所採用。

圖 2-3 為直線幕僚組織。圖中，專業工程師是為幕僚人員。

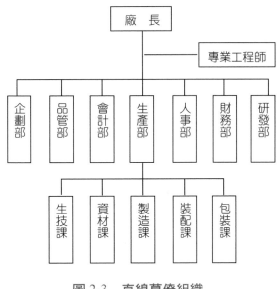

圖 2-3　　**直線幕僚組織**

幕僚人員種類多，通常可歸納為下列三種：

1. 一般性幕僚人員（general staff）

這是指提供建議，或對所要執行的工作擬訂計畫及協助實施，例如企劃人員。

2. 特別幕僚人員（special staff）

這是對執行部門提供服務，幫助其解決專業上之問題，例如專業工程師及顧問等。

3. 個人幕僚人員（personal staff）

這是對主管個人提供服務，如秘書及助理等。

直線幕僚組織之優點為：

1. 幕僚無指揮權，直線有指揮權，指揮統一。

2. 專業人員負責專門工作，生產效率提高。

3. 計畫與執行工作分開，有分工專業之利益。

4. 直線部門職責劃分清楚，又有各種專業幕僚部門輔助之，組織若適當運作，當可促進整個組織之效率。

其缺點為：

1. 直線部門與幕僚部門常因觀點不同，容易形成敵對態度，發生誤會與摩擦。

2. 幕僚人員由於缺乏實際工作之參與，致使有時計畫可能不切實際。

3. 幕僚有時侵犯直線主管人員之權力或牽制其行動。

4. 幕僚人員由於不負責成敗，常缺乏責任感。

四、委員會組織（committee organization）

工廠組織常因業務發展之需要，組成各種委員會，可為執行單位，亦可為幕僚單位。在此組織中，以委員會為各種工作中心，無論在計畫上或執行上，均由主管之委員會通過決定，是一種集體責任制，通常以 3～5 人組成委員會最適宜，其用意在於將某些權限分配給多人，以委員會代替個人，以便集思廣益，如圖 2-4。此項委員會組織它通常又是為直線幕僚組織中的輔助組織，如圖 2-5。

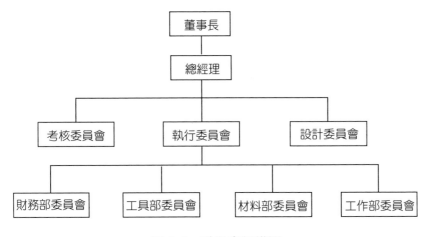

圖 2-4　委員會組織圖

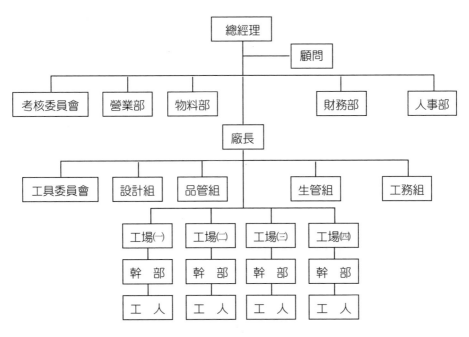

圖 2-5　委員會組織圖

要想有效應用委員會組織，必須遵循下列原則：

1. 委員會的專責應明確劃分。

2. 委員會的人員數目應適當，最好在 3 人至 5 人間。

3. 委員會的組成人員應慎重選擇。

4. 開會解決問題前，各委員應先就問題研究一番。

5. 開會後，決議的事項應作書面報告，分送有關部門參考及執行。

6. 委員會應定期改聘，新陳代謝可收進步之效果。

委員會組織之優點：

1. 組織內之決策由整個委員會負責，與個人無關，故不會出現個人色彩。

2. 各委員成員，係由有關部門主管擔任，故較易於溝通與配合。

3. 委員會內人才濟濟，各種工作採用集體思考與判斷，可收集思廣益之效。

委員會組織之缺點：

1. 利用委員會運作，常耗費時間，常會有延誤工作之情形發生。

2. 權責不明，易生推諉卸責之現象。

3. 不易守密。

五、總管理處組織

企業經營到某相當規模後，會陸續衍生一些子公司，或另立相關企業，這些子公司，雖然生產規劃，營業開拓，技術訓練，人事管理，會計制度……等都可以獨立，但因為投資者一樣，為了能夠掌握所有企業的營運狀況，而且在相關業務中互相支援，以控制成本，節約支出，所以都設立一總管理處，來經營旗下各企業，造成一集團，

如圖 2-6，是總管理處的雛型，在總管理處裡像子公司般設有研發、
會計、人事、物料、人力資源、訓練……等部門，不過所做的工作都
是較高層次的工作，如像研究發展、規劃、分析、統計、資料建立、
人員培訓等。

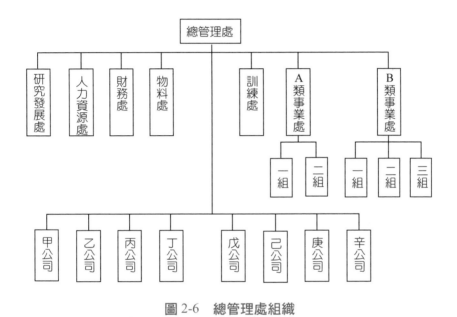

圖 2-6　總管理處組織

圖 2-7 為裕隆集團之組織圖。

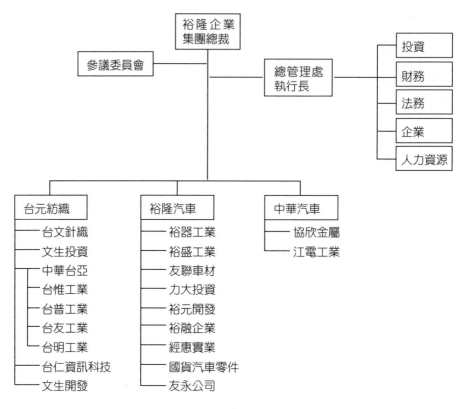

圖 2-7　裕隆集團組織圖

集團總管理處組織之優點：

1. 高層領導人有一控制各公司的中心。

2. 企業整體規劃較容易。

3. 物料大批採購，節約成本。

4. 人員訓練易於規劃及節省訓練之人力。

5. 企業幹部較易在各子公司裁培及交流。

其缺點是為：

1. 因企業太大，故必須做好分工，否則事繁反效率不彰。

2. 評估分析要確實，以免整體企業受少數公司營運之影響。

3.旗下之公司若有一或兩公司產生風暴，易波及其他公司，而造成不可收拾場面。

總之，企業經營後，如擴充業務，關係企業數目增多，企業設立總管理處來經營。

六、專案式組織（project organization）

專案式組織是指將工廠的活動按照專案（project）來組織，然後指派一個主管人即專案經理負責某一專案計畫成敗之責的一種型態。而所謂專案，是指為達成某一項特殊任務的計畫，這項任務通常需要各方面的人才，並在一定的期限內完成，以及當該項專案工作完成後，組織便予撤銷。換言之，專案式組織乃集中最佳的人才，在一定的時間、成本、品質的條件下，完成某一特定的及複雜的任務，並在任務完成時即行解散的一種組織型態。在工廠組織中，研究發展部門常採用此種的方式。

圖 2-8 即是典型的專案式組織圖。

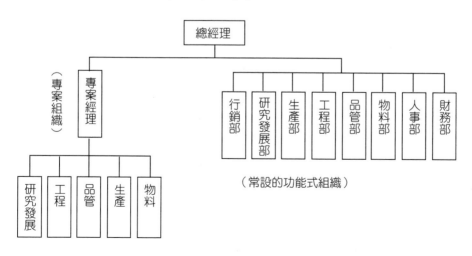

圖 2-8　專案式組織圖

專案式組織之優點為：

*1.*具有彈性，能配合任務狀況及需要加以設置或解散，擴充或緊縮。

*2.*專長人才集中全力於所負任務上，不受經常業務上之干擾。

*3.*根據需要吸收各方面之人才及專家。

*4.*任務具體明確，使專案人員有成就感和激勵心理。

缺點是為：

*1.*專案單位與正式組織部門之間，極易發生衝突。

*2.*專業人員可能對於工作過於熱心，產生情緒作用，失去客觀性。

*3.*易於導致功虧一簣或虎頭蛇尾之後果。

*4.*高層主管如事事過問，會失去所具彈性及創新的優點。

七、矩陣式組織（matrix organization）

矩陣式組織乃兼取功能式組織和專業式組織的長處所綜合而成的組織型態，它是一種很有效且日漸風行之組織型態。在此組織中，一方面有功能部門主管縱的直線職權的行使，另一方面又有專案經理橫的專案職權之行使，如此縱橫交錯形成一矩陣形狀，故稱為矩陣組織。其與專案式組織之最大差別，乃在於後者有專門設置的專案人員，而前者所需的專案人員並未專門設置，僅從功能式組織中借用而已。因此，在矩陣式組織中的專案人員幾乎都負有雙重的責任，他們必須對其原屬的功能部門主管負責，同時又須對專案經理人負責。功能部門主管對原屬專案人員的職權為直線職權，而專案經理人所有的則為專案職權。如圖 2-9 所示。

由圖 2-9 所示，知矩陣式組織乃是將各功能性部門抽調集中起來，暫時置於專經理指揮之下，俾能有效地達成專案計畫的目標。其最大

特點是能使一群經驗不一、背景不同，但有能力的人，在極短時間內發揮綜合功效，所以矩陣式組織常彼用於研究發展、工程及行銷部門，它適用於需及時因應市場及技術需求的變化，使管理工作做得更好，更有效率的環境。

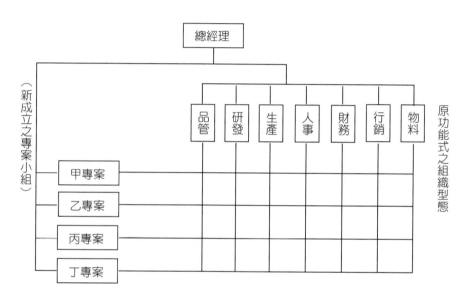

圖 2-9　矩陣式組織圖

矩陣式組織的優點是為：

1. 整體人力的彈性運用。

2. 快速反應顧客要求及工作要求。

3. 在矩陣組織中，原功能式組織之優點仍存在。

4. 促使整體組織動態化營運，提高效率。

其缺點是為：

1. 功能式部門與專案小組間權力有不平衡之弊，即兩者之主管協調困難，易形成雙重指揮及權責不分之現象。

2.職能單位的設備不能完全由某一專案所佔用。

3.人員變動大,易造成組織的不穩定。

4.與統一指揮原則相違背。

現代工廠組織運用的趨勢是:一方面高屬主管必須運用授權的功能,以加強部屬之責任觀念;另一方面由於部屬能夠親自參與決策,因對組織的目標有深一層的認識及自己責任所在,必更能發揮團隊精神。所以說,參與式管理及授權是現代工廠組織的趨勢。

第五節 非正式組織及其應用

每個工廠均有每個工廠的組織,這種工廠組織就是所謂的正式組織(formal organization)。透過正式組織之運作,工廠將人、事、物組合起來,進行生產活動。

然而正式組織有時並不能使工廠之生產活動進行得相當順利,於是工廠的從事人員另外組成所謂的非正式組織(informal orgarization),以便追求透過正式組織所難以達到的目標。非正式組織如像同學會、同鄉會、校友會、宗親會、姊妹會、俱樂部等。

由於非正式組織是以人的情感為基礎,所以只要有人存在的一天,便有非正式組織之存在;主管人員必須善用非正式組織以彌補正式組織之不足,千萬不可存有破壞非正式組織之念頭,亦即應設法了解各種非正式組織,並從中加以運用,使其產生積極的作用,減少消極的作用,以提高工廠管理之績效。

所謂積極的作用,即可得到下述之幫助:

1.可促進工作人員相互間在工作上及生活上的情誼。

2.可促進工作互相支援，提高效能。

3.可協助主管人士提高工作之指揮及管理效能。

4.可促進縱的意見溝通與橫的意見溝通。

　　所謂消極的作用，則有下述之害處：

1.在工廠裡製造小集團，成派系。

2.可能會集體抵制生產，反抗管理人員指揮或破壞工廠管理措施。

3.容易造謠生事，受人煽動利用。

　　茲將非正式組織與正式組織間之差異，列於表 2-5.1。

比　　較　　組織類型	非正式組織	正式組織
組織基礎	以人為組織基礎	以職位為組織基礎
重視點	相互間的特殊關係	權力與作業的結構
領導者	可能是主管，可能是職位甚低的部屬	主管
組合人員	通常不多，也難於成長	隨著職位的調升，組合人員愈多

表 2-5.1　非正式組織與正式組織之比較表

第六節　組織與管理之關係

　　管理本身不是目的，而是獲得績效的手段。一種管理制度如果適合某一企業，即是有效的管理制度。

　　欲使管理得到實效，有賴良好的組織，如組織不健全，管理效果

必定不佳。同樣的，若是管理不良，雖有良好的組織，亦形同虛設。也就是說，簡言之管理之良善有效，有賴健全之組織；有良善之組織，始能產生良善之管理。總而言之，在企業經營上，組織為體，管理為用；組織與管理互為運用，二者相輔相成，不可分離，以上是組織與管理之關係。

組織與管理之關係，可比作汽車與司機之關係，倘把「組織」比做「汽車」，則構成汽車之各零件猶如組織之各部門，而「管理」則可比為駕駛汽車之「司機」，要使行駛順暢，實有賴於能良好的汽車及技術純熟之司機，兩者缺一不可。若把一部性能優越的汽車交給一位技術拙劣的司機，恐怕無濟於事。同理，一位技術純熟之司機，去開一部性能拙劣的汽車，也難保不出問題。因此，也由此可知，組織為體，管理為用，兩者相輔相成。

管理是動態的，而組織在形成過程中也是動態的，一旦組織完成，則屬靜態的了，但組織並非一成不變，它應配合新環境，隨企業政策之改變而改變，不然的話墨守成規，定會遭致淘汰的。因此，「企業組織的動態」已成為目前企業管理發展的趨勢；也就是說，組織是現代研究管理問題之重心。

第七節　工廠組織與工廠管理對工廠經營之重要性

工廠經營有賴於工廠各部門之分工合作，而工廠組織是分工合作實現的基礎。故工廠組織是否完善，是工廠經營成功的先決條件。以

上也就是工廠組織對工廠經營的重要性。

　　工廠管理的各項基本活動，其目的在推動工廠組織，使工廠組織之各部門發揮分工合作的效能，以邁向工廠經營的目標。以上也就是工廠管理對工廠經營的重要性。

　　如果把工廠組織與工廠管理分別比做「汽車與司機」，則「工廠經營」可比做「行駛」。同時汽車之各「機件」，其彼引間各有職責，分工合作，則可猶如工廠組織之各「部門」。因此我們可做如下之兩個推論：請將下列括號內的字代入劃線的字，即可得出：一、「工廠組織對工廠經營的重要性」以及二、「工廠管理對工廠經營的重要性」。如下所述：

一、行駛效能之良否，實有賴於汽車結構之性能，而汽車結構之性
　（工廠經營）　　　　　　　（工廠組織）　　　　（工廠組織）
　　能，更取決於其各機件之分工合作是否完善。是故汽車結構的完
　　　　　　　　　（部門）　　　　　　　　　　（工廠組織）
　　善，是行駛優異的先決條件。
　　（工廠經營成功）

二、優異的司機必能輕易的開動汽車，使汽車之各機件發揮分工合作
　　　　（工廠管理）　（推動工廠組織）（工廠組織）（部門）
　　的效能，以朝向行駛的目標。
　　　　　　　　　（工廠經營）

習題

1. 何謂組織？略述何謂工廠組織？

2. 工廠組織的原理，主要者有那些項目？

3. 何謂管理幅度？對高低層主管人員而言，分別該管理幾人？

4. 影響主管監督部屬人數的因素是什麼？

5. 何謂權責相稱原理？

6. 在工廠組織裡，指揮統一原則包括那四項？

7. 傳統工業時代，認為在製造安排上，什麼型態是唯一降低成本的方法？

8. 簡單地說，什麼才是良好的工廠組織？

9. 混流生產指的是什麼？

10. 什麼是工廠適任幹部應具備的條件？

11. 試述現代企業組織的趨勢與特性？

12. 工廠組織的現代化，要如何才算是確實可行？

13. 工廠組織大致可分為那七種？

14. 未來組織的架構是什麼？分別負責什麼工作？

15. 試述直線組織之優缺點？

16. 泰勒所主張功能式組織，把廠務分成那四種領班？並負責何種工作？

17. 直線幕僚組織兼具那兩者組織之優點而組成的？並分別說明直線幕僚組織與上述它兩組織之不相同處。並說明直線幕僚組織適用於那裡？

18. 幕僚人員通常可歸納成那三種？

19. 要有效運用委員會組織，必須遵循那些原則？

20. 集團以總管理處來經營公司有何優缺點？

21. 現代工廠組織運用的趨勢是如何？

22.何謂專案式組織？那種部門常採用此專案式組織？

23.何謂矩陣式組織？

24.妥善應用非正式組織對經營工廠有何幫助？

25.不能妥善利用工廠非正式組織之害處是什麼？

26.試簡言說明組織與管理之關係是如何？

27.試簡述工廠組織對工廠經營之重要性。

28.試簡述工廠管理對工廠經營之重要性。

29.下述一段文字是：行駛效能之良否，實有賴於汽車結構之性能，而汽車結構之性能，更取決於其各機件之分工合作是否完善。是故汽車結構的完善，是行駛優異的先決條件。

在上面之文字當中，若是把汽車比做工廠組織，行駛比做工廠經營，機件比做部門。則試寫出工廠組織對工廠經營的重要性。

30.下述一段文字是：優異的司機必能輕易的開動汽車，使汽車之各機件間發揮分工合作的效能，以朝向行駛的目標。

在上面之文字當中，若是把司機比做工廠管理，汽車比做工廠組織，機件比做部門，行駛比做工廠經營。則試寫出工廠管理對工廠經營的重要性。

3
工廠計畫與佈置

所謂設廠計畫（plant project proposal，簡稱PPP），它是設廠前的準備工作，為設廠的藍本，是一個工廠事業的起點，在這個起點裡，明確的畫出了終點與必經的途徑。

第一節　工廠廠址的選擇

廠址選擇是以經濟原則為優先考慮之對象，因此，如何尋找較低成本之廠址最為最要。以下是選擇廠址的重要性：

在設立工廠時，選擇廠址的適當與否，足以決定企業的前途，關係經營的成敗，如有錯誤，後果不堪設想而且難以挽救，即使放棄舊廠另遷新址不但遷廠費高昂，甚且機器的裝卸搬運都會蒙受損害，況且短期間無法恢復供應產品，就有倒閉之虞，故說適當的廠址是企業的成功要素之一。再說，選擇適當工廠的地址，可節省經營成本。

設廠的第一步工作即為選擇設廠的廠址。廠址選擇可分：一、區域（指較大之地方）與二、地點或位置（指較小之地方）。兩方面來說明：

一、廠址選擇的考慮因素（指的是區域）

計有：

👍（接近）原料

必須考慮原料供應問題。如採礦（如水泥廠）、森林、漁撈等企業。工廠接近原料之利益有：

1. 不至因原料供給中斷而使生產停頓。

2. 可免大量儲存原料而積壓資金。

3. 可減少原料運輸費用。

👍員工（僱用之難易）〔註：員工包含職員及工人。〕

一般之粗工，仍以就地僱用為宜，但對專門技術員工（例如精密工業等需要特殊的技術員工）之供應，就成為廠址選擇之主要考慮因素。

設廠時員工方面應考慮的因素有：1.薪資率、2.技術員工之獲得、3.勞力市場、4.流動率、5.曠工率、6.工人可信賴程度及工作習慣、7.招僱及訓練費用、8.員工及工會態度等。

👍（接近）市場

工廠所製造之成品，直接供應廣大消費者之享用者（如食品、飲料等）仍接近市場為宜。工廠接近市場的利益計有：

1. 便於推銷。
2. 運費節省。
3. 可減少庫存。
4. 勞力供應充裕。
5. 消息靈通。

又，在工廠裡，零件（或是配件）製造廠最好要靠近原料；裝配廠最好要靠近市場。

👍 交通（運輸之方便）

工廠有關交通運輸方面的有：一為原料輸入、一為產品輸入、另一為工作人員奔走於工廠與家庭之間。如果運輸成本佔總成本很大比例時，運輸成本因素便成為廠址選擇之重要因素，反之，則對廠址之選擇影響不大。通常可用的運輸方式有：鐵路、陸路、空運及水運等四種。若純粹從運輸方面來考慮，理想之廠址為：位於主要水道附近（因運費最便宜，尤對笨重的東西）、具備鐵路側線、接近公路及接近主要空運。

在原料、廠址及市場三者當中，若以運費考慮時，則以總運費最低為原則。如下圖 3-1 所示：（僅適用於主要原料只有一種時）

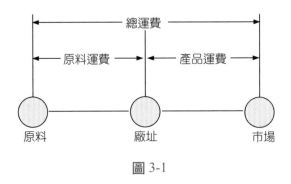

圖 3-1

總運費等於原料運費加上產品運費。又原料、廠址及市場此三者應成一直線，這樣總運費才會最低。如圖 3-1 所示。在總運費最低時，即為考慮設廠之地點。

動力（之供應）

動力包括用電與燃料，燃料如煤、石油及瓦斯等。動力供應之充足便利與低廉，為選擇廠址之重要依據。

氣候（是否適宜）

太冷（如南、此極）或太熱（接近赤道）的地方均不適宜設廠。又，有颱風多之地方不適宜設廠，如台灣之東部地方；只有在台灣之西部地方因有中央山脈之阻擋颱風，才適宜於設廠。

工業用水（獲得之難易）

若干工業在製造上需要大量用水者或需要優良之水質者，如鋼

鐵、製酒、造紙、漂染等工業。

👍 資金融通（之方便）

金融機構之有無及多寡等。

👍 社會政治環境（之安定）

應選擇社會安定、政治清明之地區為佳。

👍 同業及相關企業（之集中）

如江西省景德鎮製造之陶瓷器，苗栗縣三義鄉之木頭雕刻等。

👍 土地成本（之便宜）

人口愈來愈多而土地卻不增加，因此土地愈來愈貴。工廠需要較多之土地，故應設廠於土地較便宜的地方。

👍 稅租及法令規定

設廠要了解的法令有該地區的稅制、稅率、工廠法、勞工法、投資條例、污染管制法令、保險法等。

如中國大陸之改革開放政策，在大陸沿海岸，獎勵外商投資，稅賦便宜法令又給方便。

👍 污染（會不會引發問題）

👍 廠地是否易於擴充

設廠之區域決定後，則在此區域中，究以建廠於那個地點或位置最為適宜，其地點有四：一為鄉村、二為市郊、三為都市、四為工業區。

二、工廠位置的選擇（指的是較小之地方）

設廠於上述四個地點時，其優缺點，分述於下：

👍 設廠於鄉村

1. 優點：

　(1)地價低廉。　　　　　(2)基地充分，不礙於擴充。

　(3)稅賦雜項少。　　　　(4)建築不受限制。

　(5)勞工流動率小。　　　(6)工資較低。

　(7)水源易找。　　　　　(8)不易受他廠災害所波及。

　(9)政府限制較少。

2. 缺點：

　(1)交通不便。　　　　　(2)原料供應困難。

　(3)資金融通不方便。　　(4)僱用員工困難。

(5)無法享受現代都市之設施。

👍 設廠於市內

1. 優點：

(1)交通運輸便利。　　　(2)員工來源充沛。

(3)接近銷售市場。　　　(4)動力供應便利。

(5)資金週轉調度便利。　(6)員工有適當的娛樂場所。

(7)員工子弟就學便利。　(8)醫療設施較為完善。

2. 缺點：

(1)地價昂貴且難留擴充餘地。

(2)員工生活費高，故工資亦高。

(3)限制及規定較嚴（如環境污染）。

(4)稅賦較重。

　有工廠就有污染，由於人們對環保意識之抬頭，即人們對環保逐漸重視，再說都市之土地太昂貴，故工廠不論大小都不該設立於都市了。

👍 設廠於市郊

　一般而言，原則上，需地廣大之工廠，宜在鄉村；需地較小之工廠，宜在市區；需地中等之工廠宜在市郊。如顧及環境污染，尤不可在市區設廠。

設廠於工業區

工業區由於已經過完善之規劃設計，故在工業區內設廠，可享有下列之好處：

1. 設備投資可以減少。

2. 原料供應便利。

3. 員工供應無慮。

4. 促進業務的改善。

5. 公共設備完善。

6. 建地開發完整，建築成本低。

7. 對外交通便利。

8. 稅賦較輕。

9. 可獲得優惠的融資貸款。

10. 員工之教育、娛樂、住宿、交通、醫療等可由社區供應。

11. 污染有計畫處理。

12. 衛星工廠易找到。

13. 區內廠商易於合作建設公益。

然而，在工業區內設廠也有其缺點存在：

1. 人員流動率高。

2. 工資高。

3. 廠房不易擴充。

4. 上下班時，交通擁擠。

5. 與民眾遠離，不易建立知名度。

此外，設廠時在地方或位置上的公共設施要評估之處計有：

*1.*醫院。

*2.*學校。

*3.*市場。

*4.*公園。

*5.*遊樂場所。

*6.*金融機構。

*7.*住宅。

　　廠址因素可列出多項因素，多者百來種，少者數十種，經過評估分析完畢，對於確定廠址選擇的步驟如下：

*1.*選擇區域。

*2.*在選擇區域內選擇若干可能設廠的城鎮（即地點或位置）。

*3.*在上述可能城鎮中選擇其一。

*4.*選擇確定地點。

　　現在讓我們來講選擇廠址之分析方法，如下：

👍 計點方法（rating plans）

　　此法又稱為因素積分法（point-rating method）或稱積點評價（point rating evaluation），它是將影響選擇的各種因素，視其輕重及功能，用點計分法，最重要者予以最高點，其次遞減，然後總和其所得而比較之。得點最多者，即為所選擇之優良廠址。如表 3-1.1 所示：

因素	廠址點數	理想廠址點數	廠址		
			A 地點數	B 地點數	C 地點數
1.接近原料		40	30	25	15
2.接近市場		30	15	20	25
3.員工供應		28	15	23	18
4.交通運輸		13	13	10	12
5.水源供應		20	10	15	18
6.動力供應		20	15	15	10
7.廢棄處理		10	5	7	8
8.土地及建築成本		7	6	5	5
9.氣候適宜		5	3	4	3
10.租稅及法律		4	3	2	4
11.地形		4	4	3	3
總　　　　計		180	119	129	121

表 3-1.1　廠址選擇計點比較表

　　由上表 ABC 三地得點數來比較，工廠廠址宜選擇 B 地，因其得點最高。

成本分析法（cost analysis）

　　計點法所面臨的問題，即點數如何決定，方為合理，難免憑個人主觀以為判斷標準。若按各目標地情況，經過嚴密調查後，用成本分析法決定之，比較正確。此兩法可相輔而行。初步決定可用計點法；最後決定則用成本分析法。如表 3-1.2 所示：

成本估計	廠　址		
	A 地	B 地	C 地
運輸成本：			
進　　廠	$100,000	$90,000	$85,000
出　　廠	160,000	165,000	170,000
工　　資	200,000	225,000	250,000
公用設施：			
電　　力	60,000	65,000	65,000
用　　水	30,000	28,000	32,000
燃　　料	60,000	70,000	65,000
間接成本：			
租　　金	60,000	55,000	60,000
租　　稅	10,000	12,000	14,000
保　　險	5,000	5,000	5,500
其　　他	5,000	8,000	8,500
建築成本：			
廠　　房	100,000	50,000	75,000
土　　地	1,500,000	1,250,000	1,600,000
其　　他	40,000	—	—
總　成　本	$2,330,000	$2,023,000	$2,430,000
單位成本（若產量 10,000 件）	$233	$202.3	$243

表 3-1.2　廠址選擇成本分析比較表

因此工廠廠址設在 B 地為最適宜，因其單位成本為最低。

兩平分析法（break-even analysis）

兩平分析法僅就可量化的成本因素來考慮，它又稱損益平衡點分析。首先決定各廠址之固定成本及單位變動成本，而得到各廠址總成本線，再根據總成本線間之關係，而決定在何種產量水準之下應選擇何廠址。此一方法所根據之假設為：銷貨收入不受到廠址之影響，以及須在相同的產量單位下，來比較各廠址之成本。

例 題 3-1　兩平分析法

假設有 A、B、C 三個可能的廠址可供選擇，其成本結構如下，若預期年產量為1800單位，則應選擇何廠址？

廠址	固定成本／年	變動成本／單位
A	$20,000	$50
B	40,000	30
C	80,000	10

$TC_A = 20000 + 50Q = A$ 廠址的年總成本
$TC_B = 40000 + 30Q = B$ 廠址的年總成本
$TC_C = 80000 + 10Q = C$ 廠址的年總成本

由圖 3-2 兩平分析圖可知，若年產量為 1800 單位時，應選擇 B 廠址。另一方面，年產量少於 1000 單位，應選 A 址；年產量在 2000 單位以上，應選 C 址；年產量在 1000 單位以上，2000 單位以下，應選 B 址，因此時 B 址的年總成本最低，即總利潤最大。

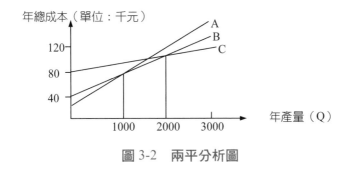

圖 3-2　兩平分析圖

👍 經濟分析法（economic analysis）

　　經濟分析法係同時考慮可量化的成本項目與不可量化的社會因素，因而分析上比較完整。同時，此法係以總成本來表示，而不像成本分析法以單位成本來表示。由表 3-1.3 知，若單位成本因素來比較的話，顯然 C 地較佳。但若同時考慮不可量化的社會因素的話，B 地顯然比 C 地要好。

項目	A 地	B 地	C 地
租　　金	$20,000	$10,000	$10,000
工　　資	135,000	130,000	160,000
運　　費	81,000	64,000	28,000
稅　　捐	－	3,500	2,000
動　　力	6,000	6,000	6,000
成本合計	$242,000	$213,500	$206,000
社區態度	淡　薄	歡迎設廠	淡　薄
員工品質	尚　可	優　良	尚　可
罷工歷史	無	無	偶　而
同業關係	競爭激烈	友善	不 友 善

表 3-1.3　廠址選擇經濟分析表

👍 因次分析法（dimensional analysis）

又稱多元分析法，目的在改善經濟分析法中，對不可量化之社會因素的主觀判斷。換言之，對於每一因素，不管可量化的成本因素或不可量化的社會因素均給予不同的權數（weight）或指數（index），再分別給予不同可量化的社會因素不同的等級數字，數字越小表越佳。然後利用下式求出 R 數值。

$$R = \left(\frac{甲_1}{乙_1}\right)^{W_1} \left(\frac{甲_2}{乙_2}\right)^{W_2} \left(\frac{甲_3}{乙_3}\right)^{W_3} \cdots\cdots \left(\frac{甲_n}{乙_n}\right)^{W_n}$$

若 R 小於 1，則選擇甲址，否則選擇乙址。

例題 3-2　因次分析法

假設資料如表3-1.4所示，試決定最佳廠址。

因　素	A 址	B 址	C 址	權數（W）
工　　資	$3,400	$4,300	$2,500	
材　　料	2,500	3,100	4,200	
動　　力	2,100	1,900	2,500	
運　　輸	4,300	3,500	5,000	
保　　險	1,000	1,500	1,300	
總 成 本	$13,300	$14,300	$15,500	4
員工品質	2	1	1	5
罷工歷史	3	1	2	2
社區態度	2	1	2	3

表3-1.4　廠址選擇因次分析表

$$R\frac{B}{A} = \left(\frac{14300}{13300}\right)^4 \left(\frac{1}{2}\right)^5 \left(\frac{1}{3}\right)^2 \left(\frac{1}{2}\right)^3 = 0.00058 < 1 \text{，選 B 址。}$$

$$R\frac{B}{C} = \left(\frac{14300}{15500}\right)^4 \left(\frac{1}{1}\right)^5 \left(\frac{1}{2}\right)^2 \left(\frac{1}{2}\right)^3 = 0.0226 < 1 \text{，選 B 址。}$$

故選 B 址。

　　台塑六輕計畫在台灣設廠可以說是典型選擇廠址的樣板，據有關資料，台塑評估設廠地點考慮分析的要項密密麻麻有一百多項，有成本分析，有狀況預測，有施工技術考量等，給予的點數之釐訂也經過專家制定，可以說是相當慎重，初期台塑選擇在宜蘭利澤工業區，但因地方人士因環保因素極力抗爭，台塑只好放棄，後來選擇桃園觀音，雖然地方上的抗爭因素沒有了，但因其他因素如土地成本太高，運輸系統無法配合，發展空間受限制等原因，不得不放棄。接著台塑另找二個地方，雲林麥寮及嘉義鰲鼓，一樣從頭作評估，最後選擇雲林麥寮，據台塑高層人士說是沒有選擇的選擇，意思就是說排除所有主客觀因素，雖然雲林麥寮並不是最理想的地方，但技術問題尚可克服，所以只好選擇它。故，要決定一個工廠的廠址，不得不慎重，因為他可能是企業家不少資金的投入，何況台塑六輕廠是近三千億新台幣的投資。

　　不管如何，廠址之選擇，可以依據上述步驟之方法以及經由選擇廠址的分析方法可以獲得，但因時代的進步，社會結構變遷，其選擇因素亦將變動，以致近年來，工廠選擇廠址朝下列趨勢：

*1.*分散設廠

　　同一個企業分成幾個地區設廠，對企業有三大好處：①接近市場或原料；②減少運費；③提高效率（因縮小規模）。

2.向郊區及鄉村發展

可兼顧農業及工業之型態。

3.成立工業區

使工廠易於管理及避免其他公害之分散，並由政府統一做公共設施的規劃及建設。

4.由地方爭取設廠

由於廠商的設廠，可為地方提供工作機會，增加地方政府的稅收，為地方帶來繁榮，因此，地方政府在權衡各項因素之後，若對其有利，便千方百計設法爭取廠商在該地設廠。不過因為環保意識抬頭，工廠如果無法保證做好環保，或易於造成公害，現在不但會受到民眾的爭取前去設廠，反而受到抵制。

第二節　工廠設施與維護

廠址選擇以後，工廠即開始規劃建廠事宜，建廠者先要先蓋廠房。為了保護機器設備，以及供給員工們一個適當的工作場所，必須要建築理想的廠房。不論企業之性質如何，廠房之設計建築均應注意以下幾項原則（亦即是廠房建築的設計原則）：

一、適合需要原則：廠房之建築設計，應有效利用建築基地及應適合製造程序，和應適合生產工作之需要，而且要與機器佈置計畫配合。

二、堅固耐用原則：廠房之建築係永久性固定投資，必須堅固耐用，以承受機器和原料的重量及生產過程中產生的振動。

三、光亮通風原則：工廠內亮度務求適宜，以利工作之進行。

四、易於擴充原則：廠房於設計建築之初，即應考慮將來發展擴充之便利，亦即應預留擴充餘地。

五、外觀莊麗原則：工廠為了創造商譽，建立顧客的信心，其建築應注意環境的美化，使工廠的外觀莊麗。

六、彈性原則：使製造方法或技術改變時，廠房廢棄之可能性減至最小。

七、安全原則：對於員工安全與機具之維護，在建築廠房時應詳為規劃，給予最大之注意。

現在讓我們來講廠房之型態，它可分為如下三種：

👍 單層廠房

「單層」廠房（single story building），亦可稱為「平房」廠房，其優點是為：

1. 土地價廉獲得較易。
2. 將來擴充容易，建築時間較短。
3. 無須電梯或樓梯，節省空間。
4. 適於機器或產品笨重之工廠。
5. 易於物料搬運。
6. 工廠佈置之彈性較大。
7. 可充分利用自然光線及通風。
8. 易於監督管理。

9.屋頂可略高。

10.比較不怕地震之意外傷害。

👍 多層廠房

「多層」廠房（multistory building），亦稱為「樓房」廠房，其優點是為：

1.需要土地面積較小，可經濟的利用地面。

2.利於物料下滑的搬運。

3.暖器設備和廠房保養費用較低。

4.樓上環境，清潔、光線與通風均較佳。

5.樓房建築宏偉，且較美觀。

👍 特殊形式的廠房

所謂特殊形式，乃指廠房建築的形式，完全依據工廠生產時的特定製造程序，加以設計建築而言。此種廠房的外形，或為平房，或為樓房，或為聯合部分平房與部分樓房所構成；其優點為能完全適應生產上的需要。而其缺點則為缺乏變換性，如遇生產方法與程序發生重大變遷時，即無法適應。

廠房的種類除以樓層之高低來劃分外，如以其結構分類可分為：

1.木造廠房。

2.磚造廠房。

3.鐵皮廠房。

4.鋼筋水泥房。

此外，若以屋頂來分類，廠房種類可分為：

1. 平頂（flat root）：對於將來增建樓房容易，且檢修也較容易，如圖 3-3。

2. 鋸齒型（saw tooth root）：在其上裝設氣窗，以便於通風及採光，如圖 3-4。

圖 3-3　　　　　　　　　　　　圖 3-4

3. 氣樓頂（monitor root）又稱凸字形：中間突出，自兩側傾斜，可收到採光的好處，如圖 3-5。

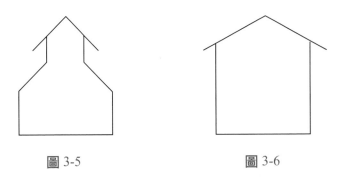

圖 3-5　　　　　　　　　　　　圖 3-6

4. 斜頂（pitched root）又稱山形：為普通一般形狀，上面空間較大，便於空氣之流動，如圖 3-6。

5. 圓弧頂（bow-type root）：倉庫大都採用這種屋頂，如圖 3-7。

圖 3-7

現在讓我們來談廠房建築之外形，由平面來分，它有下列兩種：

1. I 字形：為最簡單之廠房形式。

2. 如 I 字形廠房不夠應用而需要擴充時，往往按地形及其他因素，改建為 L、C、E、T、H、F、O 及方型等形狀。如圖 3-8。

圖 3-8

現在讓我們來談工廠的勞務設備：

工廠的勞務設備是指工廠的週邊設備，也就是工廠的附屬設備或稱輔助設備。為了安全及環保等需求，主要的設備有如溫度調節設備、濕度調節設備、防火設備、抽風機、緊急電力設備、光線設施、水塔、壓縮空氣設備、隔音及防震設施等。

工廠的廠房建好後，即已經購買了生產上的必需產品如機器設備，同時要開始安裝該機器設備並佈置機器設備。

一、工廠設施的種類

生產系統之設施

1.機器設備

機器設備是直接關係到生產的效率及產品品質。機器不論是工作母機，單能機，生產線系統機器，依機器設備性能的劣化，大致可分為兩類：

(1)效率固定不變型（constant efficiency type）：即指機器用至一定期間或某一程度時，即全部失效，必需更換，如機器內之電晶體、真空管、開關、螺絲、軸承……等，其能使用期間乃我們不能預先控制，但是一到故障，則全部失效，表示其壽命已盡，其它如工作母機的插鞘、軸承等皆是。

(2)效率遞減型（diminishing efficiency type）：有些機器之精度，如平行度、垂直度、真圓度，在使用一段時間後，減至低於工廠加工所需之精度要求時，則必需予以調整，更換部分零件甚或全部機器要換新，此種機器之效率，是慢慢隨時間而減低，如能經常修護保養，尚能繼續使用，保養愈好，使用年限就愈久。

但是，不論是那種型態的加工機器，往往受時間及科技突破的影響，必需在適當的時機予以更換或淘汰，所謂適當時機即指機器設備的精度及堪用率已經降至一個生產上無效的程度。

而其汰舊換新的方法有個別更換法，即機器的精度已不合要求，

或零件損壞,隨時予以更換;或集體更換法,機器未至不能使用,但因新機種已問世,效率比舊機器佳,為了提高生產品質原則汰舊換新,有些公司擬定開發計畫,在相當時機淘汰效率較低的機器,然後把尚堪用的機器變賣或輸出到較未開發的地區,如台灣近年生產結構大幅度改變,有些廠商把淘汰的機器另移至東南亞或大陸設廠,照常生產,概其地區人工薪資較便宜,雖然老舊機器,效率較低,但還是可以生產,所以,整廠輸出,台灣在 20 幾年前,也是如此受日本工具機器輸出,今天,台灣工業化已到了必須進步到技術密集的階段,所以效能較低機器,必須往未開發或開發比台灣慢的地區去運用設廠。

　　2.動力設備

　　工廠常用之動力有電力、蒸汽、壓縮空氣、瓦斯、水和機器等。在所有動力當中,最主要的是電力及機器。

　　動力乃是工業生產的必備條件,有機器若沒有動力,也不能運轉。因此,人類工業化史上動力是同步成長的,工業歷史上,動力演進過程分為三個時期:

　　⑴人力及動物力時期:即是為手工業時期,端賴人力;以及利用動物的力量拉車或推動機器。

　　⑵機械動力及電力時期:工業革命以後,由機器動力來帶動機器運轉或由電能變為機械能,如蒸汽機、內燃機、電動機等。

　　⑶全自動時期:由半自動(油壓、氣動)而進化至電腦來驅動控制,指揮機器運轉。

📛 非生產系統之設施

非生產系統之設施包括辦公室內之事務機器及福利服務設施，如膳食服務、宿舍、康樂活動、吸煙室、盥洗室、會客室、電話間、停車場等。

近代工廠經營重視效率及人性化管理，因此，工廠的設施觀念應包含生產線外之各種設施，例如事務所內的電話、傳真機、冷氣，如果故障而不能即時修護，也一樣會影響辦公效率。宿舍裡的電視、冷氣、飲水機或浴室的熱水加熱器，如果故障沒辦法讓員工享受舒適方便的住家生活，情緒低落勢必影響工作的效率，因此，工廠的維護及汰舊換新設施，應該包括非生產線之所有設備。

二、機器設備之選擇與更新

汽車大王亨利福特（Fenry Ford）曾謂：「如果我們需要一種新機器而拖延未購置，則我們無形中已為此付出了代價卻仍未得到該機器」，他的這一句話在目前仍相當正確的。的確，機器設備有其經濟使用壽命，至該淘汰時，便應予以淘汰，重新選購新機器。至於選擇設備，可根據下述原則來做：

㈠能以最佳方法完成所需工作。

㈡既能完成工作又能降低成本。

㈢能達到所需精度及產量。

㈣能增產所希望品種。

㈤能適合本廠需要，重視領班之合理意見。

㈥能適合本廠技術、業務及經濟之情況。

㈦能適合未來發展。

機器設備損壞了便要更新，不再適合使用也應更新。下列數點為設備應予更新之原因：

1.機器設備效能的降低

機器設備經過一段時間的使用之後，若功能上不能達到生產上的要求時。

2.機器設備的損壞

機器設備使用一段時間之後，因其本身的磨損、腐蝕或毀壞，而使設備不能再使用。

3.機器設備的廢舊

現有的機器設備功能雖仍良好，但由於市面上出現比現有設備更具效率的新設備，而使原有設備顯得相對的不經濟，此種現象稱為經濟性廢舊。

另一種情況是，現有機器設備所生產產品之需求減少，此可能由於市場上已推出更新的產品或消費者消費型態已改變所致，此種情形稱為功能性廢舊。

以上二種廢舊情況雖有機器設備功能仍在，仍需考慮更新，以免招致不合理的製造成本，而使利潤減少甚或危及公司之競爭地位。

4.機器設備不適於製造新產品

公司為迎合市場上消費者的偏好與需求，而須不斷推出不同規

格、式樣的產品，以提高市場佔有率，此種由於產品的新設計、新規格而使原有機器設備不再適於製造，也是該考慮更新機器設備的時候。

5.為了增加產品或改善品質

公司為了因應市場上產品的需求，在數量上、品質上均有可能要求提高，而原有的機器設備若在數量上、品質上無法達到要求，便考慮更新機器設備了。

6.為了降低人工與材料成本

公司為了能降低生產成本，應對佔生產成本很大比率的人工與材料成本，予以重視，設法降低。市場上新的機器設備若能大量節省人工與材料成本的話，便是該考慮更新機器設備的時候了。

7.災害及其他意外之原因

因為不可抗拒之外來災害或意外，如火災及地震，使得機器設備不能再使用，當然必須更新機器設備。

8.設備不安全時

不安全的設備，會影響員工的工作情緒。故當設備不安全時，便該考慮更新設備了。

三、工廠設施的維護

工廠設施是屬於工廠財產範圍，應該予以維護，使其正常使用並能延長其壽命，降低工廠維修費用及換新購置成本的支出，對全工廠

的投資利益有間接的影響，因此工廠設施必須維護，也就是要實施保養；也就是說，工廠設施之維護亦即所謂工廠保養。那麼什麼叫保養？保養就是保持機器設備經常在良好的堪用狀況而防止不正常損壞的工作。使用後的物品，縱使不是不正常的損壞，也會受到使用年限及消耗的損壞。就以人體為例，一個很健康的人，有時也偶爾會生病，年齡一到，他也會衰老，不過如果人對身體能夠做好保健工作，那麼自然比較不容易感染疾病且能夠享有長壽人生。同樣的道理，機器設備的保養也是一樣，使用年限一到，並不能防止失效及劣化，但是如果不做好保養工作，可能在應有的使用年限以前即損壞，例如傳動軸之軸承（bearing）正常使用下具有數萬小時的壽命，但是：如果平常不加以加油潤滑，且調整不當固定不牢，則傳動軸與軸承之接觸面即會發生高溫，造成卡死或破裂現象，而提早結束它的使用壽命。良好的保養，可以使任何機件及機器達到應有的年限的精度及堪用度，觀念上，並無法保持機件及機器永不壞。

保養是今日企業界所公認很重要的一環，現代的工業是在不斷發展與進步中，商業的競爭也日趨激烈，唯有物美價廉的產品才能在競爭中獲勝，如果工廠的機器經常損壞，或者因為保養不當，設備必須提早汰舊換新，工廠損失巨額資金，做不該的投資，在節餘成本上是背道而馳，且由於成本無法降低，又如何降低產品價格呢？如果機器設備保養不良，缺乏整理潤滑，以致於精度欠佳，如何能產生優良的產品？如果機器經常停工待修或停工修理中，勢必減少產量，如何能達到預期的生產目標？與如期交貨，取信於客戶呢？因此，保養工作是要如何確保機器經常在堪用狀況，參加生產行列，是不容忽視的問題。

所以說，工廠內的機器設備都要予以維修與保養，以保持生產能

力。機器設備保養的種類或方式，包括了以下五種：

1. 事後保養（breakedown maintenance，簡稱 BM）

機器設備在使用中故障或損壞，然後才著手修理者稱之，事後保養有「亡羊補牢」的功用，工廠某些情況實施事後保養來得好，例如生產線經常在生產，機器輪流停下來作檢查保養有困難，或者事先保養之費用比事後零星保養為高時，還是實施事後保養為佳。事後保養為搶時效，零件及機件宜作適當庫存，保養人員機動性要高，生產線上的人員平時也要加以訓練，在搶時間保養時一起投入工作，增加時效。若機器(1)故障率低，信用可靠者；(2)價值較低者，皆宜實施事後保養。

2. 改良保養（corrective maintenance，簡稱 CM）

若推行預防保養之用意乃在於改善設備的本質，促使因設備劣化所致的損失減少或達到以低保養費用而收高預防性的效果。因此，就大體而言，改善設備本身的花費是要比損失或保養費低廉時，實不失為一經濟之方法，像這種改善設備本質的想法，我們通稱之為改良保養。

3. 預防保養（preventive maintenance，簡稱 PM）

是指對工廠之機器設備實施「定期檢查」及「計畫檢查」，以發現不良狀況而加以調整或修理，亦即在機器設備尚未故障之前，實施檢查，使其不致惡化而影響生產，其觀點著重在例行保養與定期檢查。簡言之，預防保養是對機器設備實施定期的檢查與修理，有計畫的更換零件或工具，使修理零件作業制度化，所以，預防保養可以說

是設備的醫療預防，也就是說，預防保養是防患於未然。至今預防保養仍是世界各國大多數工廠所採用之最有效的保養制度。

4.保養預防（maintenance prevention，簡稱 MP）

設置新設備時，選擇毛病很少且很容易保養的設備。

5.生產保養（productive maintenance，簡稱 PM）

公元 1954 年，美國通用電氣公司（General Electric Co.）所倡導。其意義即是工廠保養要在經濟價值的衡量下，實施計畫檢查、潤滑，以及小規模的修理減少停工時間及設備之大量修理，再進一步就是將預防保養、事後保養、改良保養及保養預防等加以綜合運用，以達到生產經濟的目的。

生產保養與預防保養均是簡寫 PM，但兩者不相同，其不同處是生產保養包括了預防保養，生產保養是為提高生產經濟價值的保養之總稱。又，此兩者間之關係是為：為了達成生產保養的目的，常施以適切的預防保養措施。

綜合以上所述，我們可說，為了達成生產保養目標，首先需對設備的設計，安裝階段保養預防，也就是選擇可靠度（reliability）、保養性（maintainability）、經濟性佳的設備。其次在設備使用期中，力行預防保養，萬一發生了故障，就立刻分析原因採取改善措施，並使同樣的故障不再發生，亦即施以改良保養。

四、設備保養的重要性及其效果

保養的重要性及其效果計有：

㈠降低機器因故障停工所導致之損失。

㈡減少因故障修理之保養費用。

㈢減少不良品，降低不良率。

㈣備用之機器設備減少，降低投資資金的積壓。

㈤增長機器設備之使用壽命。

㈥使預備品、零件等的管制更容易，降低庫存量。

㈦降低產品製造成本。

㈧機械故障減少。員工工作信心增加，提高了工作士氣與情緒。

㈨提高員工作業時之安全性，降低因意外所導致的賠償費。

㈩工作進度更易於掌握及控制。

五、預防保養工作的範圍及內容

　　預防保養工作必須好好地規劃及準備，它的目的是減少設備故障，提高工作效率，降低成本。因此，公司必需先付出成本來做預防保養，若機器須要停工，停工就沒有產量，但為了避免因機器故障，損失更大，所以預防保養投入的成本還是值得的。但是，如果規劃不適當，或執行不確實，不但沒有達到預期效果，反而浪費成本，結果是得不償失。所以，預防保養應要有計畫、有制度、有效率、有成果去執行。

　　預防保養的工作範圍包括：

㈠組織編定。

㈡資料之收集與建立。

㈢預防保養計畫之擬定。

㈣檢查工作。

㈤潤滑工作。

㈥報告。

㈦排工（即派工）。

㈧記錄及評估。

現在分項加以說明於後：

組織編定

組織因為工廠之性質而有所不同，它是任何管理上的要素之一，因為所有管理工作必需透過組織去執行，如果沒有組織或組織不健全，管理就會顯得很零亂。預防保養工作亦不例外，它必需藉健全的組織來實行整體有效的保養工作，但是什麼樣的組織才算是健全的組織呢？沒有一定的標準形式，因為各工廠的規模、產品、機器、製造過程之形式不同，其組織隨之不同。保養之編制分為集中保養制，分區保養制及混合保養制。

1.集中保養制

集中制是將保養維護人員集中在一起而由一維護主管督導下實施保養維護工作，設有一處檢修保養地方，除非萬不得已，必需在現場工作，否則檢查施工都集中在固定的保養廠。如圖3-9為集中保養組織。

集中保養制的優點：

⑴機動性高，人員之調派靈活。

⑵人力較節省。

⑶管理指揮靈活。

⑷器材零件可靈活運用，且庫存量較少。

(5)集中保養修理，毛病容易在通力合作下解決。因此，整體的技術將進步很快。

集中保養制的缺點：

(1)生產與維護之間不易協調。

(2)工廠如果面積很大時，機器之送修笨重且浪費時間。

(3)保養人員負責全工廠之機器，深入熟悉各類機器之程度或有影響與困難。

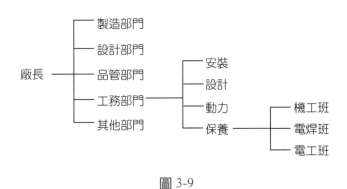

圖 3-9

2.分區保養制

分區保養制是將保養維護人員配置在各工廠，在各區的工場主管指揮下，負責保養工作，如圖 3-10 所示。

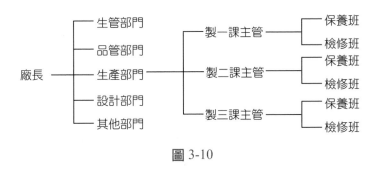

圖 3-10

分區保養制的優點：

(1)保養人員與生產人員都屬於同一主管之下，故保養人員與生產人員容易協調。

(2)生產單位之各主管直接指揮保養，保養人員與生產人員一體，故積極性強。

(3)因保養人員負責之機器數目較少，故易於熟悉有關的機器設備。

(4)保養之業務較單純。

分區保養制的缺點：

(1)增加保養維護人員，使得用人費用提高。

(2)各單位都為自己的機器設備著想，因此，請購零件之先後順序，或設備修護之先後無法做一合理之調配。

(3)工具數目套數多，增加成本。

(4)各單位無法修護時，大修之送修因沒有專責機構，所以處理困難。

3.混合保養制

混合保養制為了改善集中保養制與分區保養制之缺點所採行之組織，此保養制是採用維護工作範圍較大者全部集中在中央處理，而各地區較小的緊急工作則由分區常駐人員處理。此種方式較適於大型工廠採用。如圖 3-11。

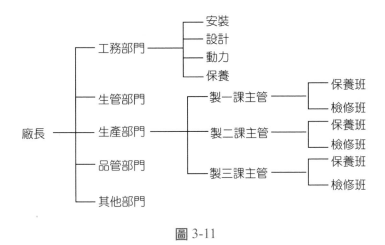

圖 3-11

資料之收集與建立

　　預防保養應收集與建立的資料計有：1.機器設備一覽表，2.設備保養記錄卡，3.機器放置平面圖，4.機器使用說明書，5.機器檢查項目與檢查標準，6.機器之潤滑令，及7.機器保養人卡片等。

預防保養計畫

　　預防保養計畫是將所有實施預防保養的機器及設備排定檢查日期及潤滑日期，該項計畫的排定最好由保養部門會同生產部門排定。

檢查

　　預防保養檢查是整個制度最重要的工作，預防保養能否產生績

效，端賴檢查工作是否確實，預防保養檢查通常可分為兩大類：

1. 日常檢查（routine inspection）

機器使用人或保管人每天按照檢查表之項目所實施的一般性檢查，並實施清潔、調整及部分潤滑。

2. 定期檢查（periodic inspection）

由保養部門按照檢查計畫排定的日期所實施的保養檢查。至於何期間必需檢查，除了依照機器原製造廠之說明外，工廠也可依照自己加工之經驗及產品精密度之要求程度來決定，或依照機器使用年數來排定。又，定期檢查可分為兩類：

(1)機能檢查（function inspection）：檢查機器是否有故障或不正常的情況。

(2)精度檢查（accuracy inspection）：精度檢查是檢查機器之精密度如平行度、垂直度及真圓度等。

👍 潤滑

潤滑也是保養工作中之重要項目，機器適當的潤滑，可使機器減少磨耗，保持精密度，延長壽命。實施潤滑保養工作應注意要項是為：

(1)適當的時間加油、換油（適時）。

(2)使用正確的油（適質）。

(3)加上適當的油（適量）。

📌 報告

　　檢查人員於實施檢查後，應填寫報告表，通常報告表與檢查表合用，在報告表上附上損壞情形及處理情形，並且將損壞情形分析及研究，作成記錄，提出改進建議。

📌 排工

　　保養主管根據檢查報告情形，分配修理人員，排定修理日期。

📌 記錄及表格

　　檢修後之機器，應列入記錄，就像醫生對病人之病歷表，對機械日後之預防保養有很大的幫助。近日電腦軟體發達，可以用電腦建檔管制，並且在一般時間實施追蹤管制，追蹤其使用情形。

六、生產設備之保養規則

　　工廠為了要使每一位員工了解公司保養實施概況，最佳之方法是為訂定保養規則，以制度化實施保養，使之人手一冊，並使其了解本身之工作與責任。今略去舉例工廠之生產設備保養規則。

第三節　工廠佈置的原則及型式

工廠佈置（plant layout）之好壞，直接影響工廠產品之生產效率與生產成本。因此有遠見的工業家，無不重視工廠佈置，並積極從事於工廠佈置之改善。下列幾個原則是在進行工廠佈置時，必需加以考慮的主要原則是：

一、物料之搬運路程愈短愈好

物料之搬運包括兩種，一種為原物料，另一種為在製品，不論那一種，在佈置時，應儘可能以最短的路程為設計原則，能夠節省之搬運過程儘可能節省。同時，在搬運的方法上力求機械化，儘量減少人力用在搬運工作上。

二、保持再佈置的彈性

現階段之佈置，必需預留將來之發展或擴展之空間，避免重新佈置時，大事更動。

三、配合製程，作妥善安排

工廠的佈置，應隨時注意到製造程序，如果能夠配合得宜，自然不會發生物料搬運浪費，或機器擺置錯誤及不便的現象。因此，必須

先了解製程，再從事佈置計畫，使製程流暢無阻。

四、彈性製造系統的規劃

台灣工業已逐漸改變結構，傳統工業便宜之勞工已轉變進入高科技、高技術密集之生產型態，因此，工廠佈置應配合工業政策，提升我國工業生產品質，生產效率做長遠規劃，那就是規劃一貫化、自動化、無人化為目標的彈性製造系統佈置，使我國工業展現新紀元，改變產業結構。

五、安全原則

務必使工作人員與機器設備安全。

工廠佈置之型式計有下列六種：

固定式佈置（fixed-position layout）

固定式佈置係將所有的工具、機器、材料、人員都集中在某一地點，製造產品的全部作業都在同一位置完成。對於某些較龐大的產品之生產均採用此種佈置方式，如鍋爐、造船、飛機等。

下列情況適合用固定式之工廠佈置：

1. 製造件數少，製造速度慢。
2. 使用之工具機械簡單，可攜帶式。
3. 主物件龐大，搬運不便者。
4. 需要技術性工人並能確定員工責任者。

此種佈置型式的優點如下：

1. 工具和設備之投資較小，一般屬輕便型。

2. 工作人員集中於在一起，易於監督與管理。

3. 固定工作物，減少搬運費用。

4. 對於產品設計及工作程序之改變較容易。

此種佈置形式的缺點如下：

1. 無法大量生產及高度標準化。

2. 工作屬於專門性技術，故難於聘僱。

3. 無法大規模生產，效率低。

4. 物料隨意儲存於生產區，易造成物料混淆不清。

對於固定式佈置，因主物件比較龐大，製造上比較困難，故只有在開發中或已開發國家中才辦得到，尤其是製造飛機之佈置，更是要先進國家才能辦得到。

程序式佈置（process layout）

程序式佈置係將具有相同或類似功能的機器安排在同一地區的佈置方式，故又稱功能式佈置（function layout）。例如將車床放在同一地區而成車床部門，將鑽床放在同一地區而成鑽床部門；產品在生產過程中，根據加工程序，凡須要用到車床的，就送到車床部門，凡須要鑽床加工的，就送到鑽床部門；如此，產品由一個部門移到另一個部門，以至完成所有加工程序為止。此種佈置之生產型態為訂貨生產。

此種佈置型式，適用於下列情況：

1. 採用通用性機器（general purpose machine）生產的工廠。

2. 產品種類多、數量少且需求為斷續性者。

3. 工人擁有較高的操作技術。

4. 產品品質難有精確標準者。

5. 少數機器損壞不致影響到以後的工作者。

　　工廠採用程序式佈置之優點如下：

1. 機器能夠生產各種產品，使用效益高。

2. 改變生產方式容易，適合產品種類多但產量少之生產。

3. 減少重複設備，適應多變化生產。

4. 採用通用機器，價格不昂貴，故投資成本不高。

5. 部分機器損壞，並不影響其他機器繼續生產。

6. 能激勵員工的生產效率，發揮其技術專長。

　　此種佈置也有若干缺點：

1. 不適用於大量生產工作。

2. 物料搬運頻繁，運輸成本較高，減低生產效率。

3. 使用的技術性人工較多，人工成本較高。

4. 各區域分工專業，部門之間的協調控制等管理工作不易。

5. 產品製造時間長，在製品存量較多。

6. 生產管制較難實施，如途程設計、日程編定等。

7. 須較大的機器設備間隔及通道，故廠房面積使用較不經濟。

產品式佈置（product layout）

　　產品式佈置係根據生產某產品的製造程序來安排機器，使成一生產線的佈置方式，故又稱生產線式佈置（production line layout）。

　　其方式有單一原料逐一製造成產品所採取之排列為一單線直線如圖 3-12 所示。

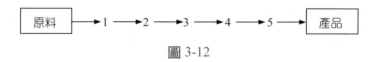

圖 3-12

　　另外，也有先採取連續方式製造成配件，再依一定連續程序將所有配件組合成成品者，亦稱為連續生產，如汽車之製造。有很多連續生產線製造配件，於總裝配生產線中，在適當的地點，裝配入主體，如圖 3-13 所示。

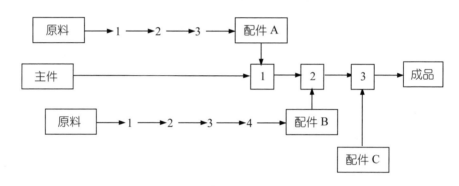

圖 3-13

　　產品式佈置是直線佈置，主要適用於下列情況：

1. 製造大量之標準產品時。

2. 規格一致，分工精細，操作單線之生產方式。

3. 半自動或全自動生產之連續程序加工製造。

4. 採取連續性操作較易得到產品產量及品質之穩定者。

　　採用產品式佈置之優點為：

1. 製造時間短。

2. 員工人數較少，人工成本較低。

3. 生產過程為連續性生產，物料之搬運距離短，可用輸送設備，成

本低。

4.在製品數量少,節省物料投資。

5.不需高度技術工人,招聘及訓練容易,效率可提高。

6.管理簡便,監督易行。

7.改變生產結構為彈性製造系統及自動化容易。

採用產品式佈置之缺點為:

1.使用專用機械(special purpose machine),投資較大。

2.較難適應產品之變動。

3.少數機器之故障,會造成其他機器也跟著停頓。

4.不適合小規模作業。

混合式佈置(combination layout)

混合式佈置係在同一工廠中根據生產工作性質之不同而混合採用不同的佈置方式;例如在零件製造廠採用程序式佈置,在裝配廠則採產品式佈置。此種佈置方式可兼收程序式與產品式之優點,故成為未開發或開發中國家之工廠中所常採用的佈置方式。

工廠佈置方式的選用上,除考慮不同佈置方式之不同特性之外,尚應考慮其經濟性,亦即成本之問題。我們知道程序式佈置具有較低的固定成本,但卻有較高的單位直接人工與材料成本;相反的,產品式佈置則有較高的固定成本,而有較低的單位直接人工與材料成本。若將其繪製成圖,則如圖3-14所示,由圖中可知,總銷售線與程序式佈置總成本線相交於 A 點,其所對應的產量為 Q_1。換言之,在產量小於 Q_1 時,程序式與產品式佈置均不能採用;在產量大於 Q_1 時,才能採用程序式或產品式佈置。當產量介於 Q_1 與 Q_2(Q_2 為程序式佈置

總成本線與產品式佈置總成本線相交點B所對應的產量）之間時，應採用程序式佈置。當產量大於Q_2時，則應採用產品式佈置。

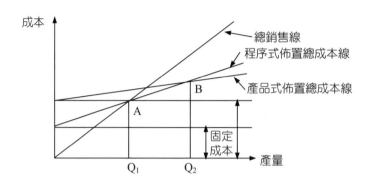

圖 3-14　程序式、產品式佈置成本比較

👍 生產自動化佈置（automatic layout）

　　在前面所述之四個工廠佈置中，除了固定式佈置外，其他之三個即程序式佈置、產品式佈置及混合式佈置，都是指用於未開發或開發中國家之工廠佈置型態，至於開發中或已開發國家之工廠佈置之型態是什麼呢？那就是指生產自動化佈置了。現在讓我們詳述如下：

　　在台灣經過三、四十年工業化，提高國民生活水準，但是相對的人民由於物質生活的提高，對於薪資收入也期望提高、讓企業界感受人工成本的提高，此外，由於收入豐裕，消費能力增強，社會的服務業相繼問世，吸走了不少從業員工，致使製造業員工長期短缺，迫使大部分傳統工業需大量勞工的工廠外移，留在台灣之企業，政府希望他們能改變工廠生產結構，降低人力之使用，而使用高科技控制系統，來改變生產體質，所以先進國家之生產自動化佈置，已成為台灣

企業追求的目標。

　　生產設備自動化佈置，不論生產、倉儲、配料、派車等作業，均透過電腦監視系統，隨時掌握生產流程。在生產自動化佈置的理念中，「生產無人化」是追求的最終目標，但並不是說生產時不需人力，只是在生產過程中，操作員只要藉由電腦控制，即可管制所有的產品製程，而不由勞工之作業；並隨時透過偵測、修正等操作，提高產品的品質。所以「無人化工廠」是產業自動化的產物，其優點是不但可提升工廠的產能外，並可節省人力，提高產品品質及生產技術。此外，生產自動化佈置除了「生產無人化」之理念外，對於製造業，尚有彈性製造系統（flexible manufacturing system，簡稱 FMS）之佈置。什麼叫彈性製造系統？它是一種由電腦控制之半獨立工作站及物料搬運站所組成，針對中小量生產但可加工多種工件而設計的一種高效率製造系統。

　　近年來，由於市場上之需求快速變化，使得製造業者普遍面臨激烈之競爭。近代市場之特性及趨勢計有：

　　1. 產品種類愈來愈多，但產量卻減少。

　　2. 產品生命週期愈來愈短。

　　3. 產品技術複雜性愈來愈高。

　　4. 產品交貨期愈來愈短。

　　台灣係以外銷為導向，產品受到市場上趨勢之衝擊，加上服務業興旺吸走了大量之勞工，製造業者普遍面臨之問題為：

　　1. 人力不足，人工難求。

　　2. 生產之訂單趨向多種少量。

　　人力不足，人工以難求的解決辦法，就是把生產儘可能改為自動化，追求「生產無人化」目標；而第二個問題，則在於彈性，傳統之

工廠佈置，連續性生產必須是大量生產的產品才有可能，但是市場對產品的需求已不若過去有長時期的喜愛，連續性之生產佈置只生產一個固定之產品，已漸漸不適合現代企業之需求，所以，近代工廠解決之道，便在實施「彈性自動化」，「彈性製造系統」正是符合此一需求所發展之利器。

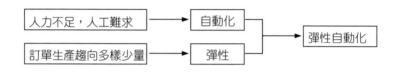

FMS 可區分為三個子系統，即加工系統、物流系統與資訊系統等，其所組成的系統圖如圖 3-15。圖 3-16 為自動化工廠主體全貌。圖 3-17 為工業技術研究院機械工業研所 FMS 所示範之工廠配置圖。

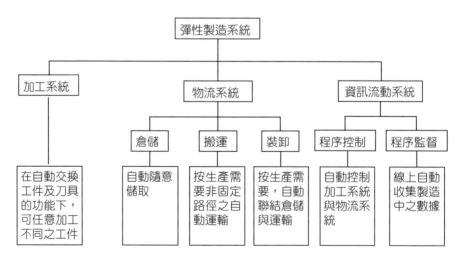

圖 3-15　彈性製造系統之組成

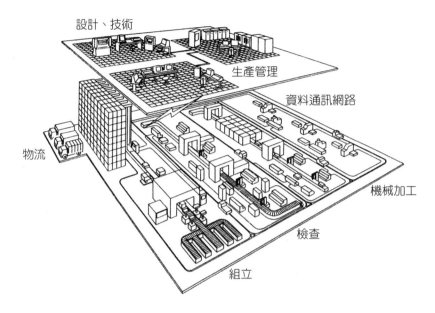

圖 3-16　自動化工廠立體全貌

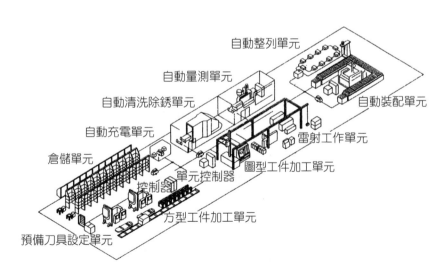

圖 3-17　機械工業研究所 FMS 示範工廠

情境佈置

新近工廠公司的佈置，除了在生產線的流程要考量外，由於辦公室用品的進展，引進高級建材，OA 辦公室（office automation）等，亦極重視美觀、造型，我們稱這種裝飾門面的佈置為情境佈置。

第四節　工廠佈置與物料搬運

工廠佈置型式要配合工廠生產的產品，及經營指標而有所選擇後，實際生產後，每天流動的頻率最高的應是物料的流動，也就是物料搬運的問題，物料搬運的路程應愈短愈好是基本的原則。

一、工廠佈置的程序

開設新工廠或工廠遷移，均需要做工廠佈置。佈置工廠，有一定的程序與步驟：

搜集工廠有關的生產資料

工廠佈置之前，應搜集及建立一些有關的生產資料，包括：1.產能；2.產品的模式或結構；3.廠房建築圖；4.製程計畫；5.產品規格及種類；6.所需的設備及型式；7.存料管理狀況；8.可利用的空間；9.生產程序等。

生產資料之分析與決定

將上列生產資料詳細分析後，並決定必須的員工總數（工作崗位數），加工的站數，存儲材料，在製品及成品的空間大小及機器設備的大小種類性質及數量。

決定所需的生產部門

產品至成品之加工過程決定後，中間要劃分為幾個單位部門必須決定，然後佈置按此部門予以計畫。

其他應有設施

如餐廳、宿舍、辦公室、工具室、倉庫、康樂室、福利社、洗手間等亦應一併規劃。

各部門之細部計畫

部門決定後，每一部門內部之佈置詳細計畫，並繪製草圖。

詳細予以佈置

部門決定後，內部佈置位置完成時，應合乎下列要求：

1. 適當的空間，如高度，人員工作活動範圍大小。

2.方向按流程方向佈置。

3.工作速率須前後平衡，以免在生產中造成瓶頸。

房屋設計

廠房設計在部門及工廠佈置規劃完成後，即可開始設計並建築。

檢討與改進

在佈置前、或在佈置規劃中、甚至在廠房建築中應不斷的檢討，若發現有不利的地方，立即重新檢討，必要時也可變更設計，力求盡善盡美。

二、工廠佈置的工具

工廠之幹部，被派以佈置工作時，往往不知如何著手規劃佈置工作，有下列的工具可以協助其完成佈置的模擬作業。

程序圖（process chart）的符號

在繪製佈置圖，必須運用一些符號，表 3-4.1 為程序圖（process chart）的符號。

製程名稱	符號	包含意義
加工或操作	○	將原料、零件或半製品，依作業目的而施以改變其形態之功能。
搬運	⇨	將原料、零件或半製品，由一位置移動至另一位置。
檢驗	□	判斷原料、零件或半製品是否合乎標準要求。
儲存	▽	將加工告一段落之原料、零件或半製品儲放在固定位置。
等待	◻	因待料或待修所形成之等待。

表 3-4.1　程序圖之符號

👍 依照流程程序圖（flow-process chart）佈置設備

　　流程程序圖係以記號表示製程上所發生之操作、搬運、檢驗、儲存及等待等的圖表，必要時尚可記載所需的時間，移動距離等資料，如表 3-4.2 為流程程序圖一般分析用表。

👍 流程圖（flow chart）

　　流程圖常被認為是程序圖之一種，用以補充流程程序圖。其實，流程圖乃依比例繪製之工廠或工場平面圖（工場乃工廠內各工作場所之意）。且將設備，工作地點等，依正確關係位置，一一繪製於上。

工作令號碼：		統計			
產品：	項目	現行動作	建議	節省	
動作：	操作○				
	搬運⇨				
地點：	等待◻				
	檢驗☐				
操作人：	儲存▽				
	距離（公尺）				
設計者：　日期： 審定：　日期：	時間（人－分）				
	成本				
	總計				

動作說明	數量	距離 （公尺）	時間 （分）	符號					工人數
				○	⇨	◻	☐	▽	

表 3-4.2　流程程序圖

👍 使用樣板預行佈置

即為二度空間樣板佈置，以不同顏色的樣板代替機器、工具及設備，按照製造流程排列在一塊圖板上，可利用攝影或直接複印出來，以為永久記錄之用。

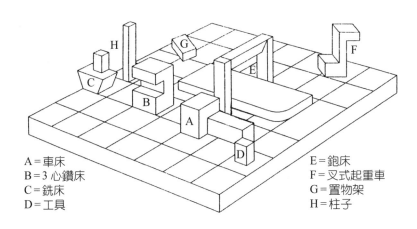

A＝車床
B＝3 心鑽床
C＝銑床
D＝工具

E＝鉋床
F＝叉式起重車
G＝置物架
H＝柱子

圖 3-18　模型佈置示意圖

👍 使用模型預行佈置

即三度空間之佈置，此種佈置成本雖高，但是懸空設備能夠表示，如運送機、起重機、吊車等，其真實感及美觀亦較佳，如圖 3-18 所示。

三、物料搬運

工廠生產後，必有物料的流動，而有物料搬運的工作發生。物料涵蓋的範圍很廣，就工廠管理之立場而言，物料包括材料、原料、零件、半製品、成品、剩餘材料、報廢材料、在製品、各類用品及間接材料，其搬運的目標主要的有：

減低搬運的成本

能夠機械化應儘量機械化，以及減少搬運次數。

縮短製造週期時間

從物料至成品之時間，包括物料搬運時間，如果搬運的時間能夠縮短，對整個製造週期時間亦減少。

合理的安排流程，增加生產

生產流程安排適當，物料搬運工作可以降低至最少次數，最短距離以及最適當時間到達操作者手中。

應用機械化及良好器具

為了品質，器具有決定性的影響因素，所以搬運器具的大小、質

地、以及如何應用機械，都是設計的重點。

物料搬運的範圍，係從原料進廠以至於成品出廠之所共需作業，其作業範圍自然亦包括在廠內各項搬運作業之項目，即使工廠中非生產性作業，如倉儲，亦非常重要。所以物料搬運之範圍包括：*1.* 接收與儲藏；*2.* 發料製造及加工；*3.* 單一零件或組合件送回倉庫再發料給裝配單位；*4.* 包裝及運送至客戶手中及港口；*5.* 若有協力廠商則託外加工件之品檢、接收、登記皆是物料搬運涵蓋的工作。

從事倉儲及物料搬運，其效率的高低，受搬運機具影響很大，若要選擇搬運機具受下列因素影響很大：*1.* 機具之可用類型；*2.* 安裝路線；*3.* 機具性能；*4.* 成本；*5.* 有效使用年限等。因此，選擇搬運機具，要能適合搬運目的。搬運機具的種類一般有：*1.* 人力（man power）；*2.* 滑槽（chute）；*3.* 輸送機（conveyor）；*4.* 起重機（crane）；*5.* 吊車（hoist）；*6.* 廠外或廠區很大時用運送車；*7.* 成品出貨用貨櫃車。

在政府致力於推動自動化生產結構時，工廠物料搬運也有革命性的進展。物料搬運就是搬運物料使物料流動。一般在自動化工廠裡主要的項目包括有：物流（自動化）、電腦流（電腦硬體設備）及資訊流（資訊化）。搬運功能除了輸送帶的自動化輸送外，還包括大量使用電腦控制技術及電腦資訊管理，使主體倉儲進步到自動化倉儲。

一般自動化搬運系統包括自動倉庫、天車、台車、無人搬運車、分類機、夾持系統、回轉架、移動架、垂直搬運機、滾輪箱工作台盤、電腦、器具箱及流動架等。所以，近代自動倉儲是自動化搬運設備與電子資訊等進行系統整合，將自動倉儲的功能發揮，真正達到倉儲「無人化自動化」之境界。圖 3-19 為自動倉儲的主要設備圖。

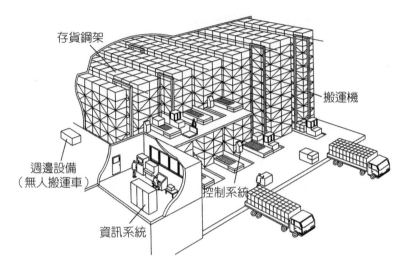

存貨鋼架

搬運機

週邊設備
（無人搬運車）

控制系統

資訊系統

圖 3-19　自動倉儲的主要設備圖

四、5S 制度

　　工廠佈置與物料搬運其主要目的在於使生產工作順暢，而設備的維護正是維持生產能力的要素之一，企業界為了做好現場的管理工作，整理及整頓工作是首先要做的事，藉 5S 工作，以做為全面優質管理和全員生產保養的首要基礎，那麼什麼是 5S 制度呢？5S 是以「S」開頭的日文羅馬拼音，故簡稱「5S」。5S 之定義是：

1. 整理（seiri）：將工廠的物品區分為要用與不要用的。

2. 整頓（seiton）：要用的物品定出位置擺放。

3. 清掃（seiso）：不要用的物品，清除打掃乾淨。

4. 清潔（seiketsu）：工廠時時保持在美麗的狀態。

5. 修身（shitsuke）：要每一位員工養成良好習慣，並且遵守規定、規則，做到以廠為家的境界。

習題

1. 什麼是 PPP，它的要義又是什麼？

2. 廠址選擇是以什麼原則為優先考慮之對象，並述說廠址選擇之重要性。

3. 試述廠址選擇的考慮因素有那些（指的是較大地方的區域）？

4. 試述設廠於工業區之優缺點有那些？

5. 設廠時那些是地方或位置上的公共設施要評估之處？

6. 決定或選擇廠址的步驟如何？

7. 試例舉五個選擇廠址之分析方法之名稱。

8. 近年來，工廠選擇廠址的趨勢如何？

9. 試述工廠廠房建築的設計原則有那些？

10. 工廠廠房之型態可分為那三種？

11. 試說明工廠的勞務設備有那些？

12. 何謂效率固定不變型及效率遞減型機器？

13. 人類動力演進有那些時期？

14. 選擇機器設備應根據什麼原則來做？

15. 什麼原因機器設備應予更新？

16. 何謂保養？試解釋之。

17. 試述保養的種類或方式。

18. 預防保養與生產保養均簡稱為 PM，試述兩者之不相同處及此兩者間之關係？

19. 試述設備保養的重要性及其效果？

20. 試說明預防保養的工作範圍？

21. 保養之編制分為那三個？

22.何謂混合保養制？

23.預防保養檢查通常可分為那兩大類？

24.定期檢查分為那兩種檢查，試說明之？

25.實施潤滑保養工作應注意的要項是什麼？

26.實施預防保養，填寫報告（表）有何功用？

27.在進行工廠佈置時，什麼是必需考慮的主要原則？

28.工廠佈置之型式計有那幾種？

29.解釋彈性製造系統（FMS）。

30.試述近代市場有何特性及趨勢？

31.試述工廠佈置的程序與步驟？

32.工廠佈置應收集的生產資料是什麼？

33.工廠佈置以模型表達有何優點？

34.試簡述物料搬運之目標？

35.試述自動化搬運系統的內容有那些？

36.試述物料搬運之範圍包括那些？

37.試說明 5S 制度之定義？

38.試述工廠不論大小，都不該設立於都市之主要原因？

39.試述在一般自動化工廠裡，主要的項目包括有那三項？

4
工作研究

第一節 工作研究之意義與內容

工作研究（work study）之意義是係以科學方法來研究工作程序（process）及工作方法（method），以尋求最經濟有效之工作方法，並衡量在此標準工作下所需之時間。訂出標準工時，以做為一切管制（control）、激勵（motivation）和評價（estimation）的基礎。

工作研究，原發展自美國，稱為「動作與時間研究」（motion and time study），在台灣也有簡譯為「工時學」。工作研究的主要內容是：主要包括動作研究與時間研究兩大部分。後來經過不斷的研究發展，動作研究乃擴大範圍為「方法研究」（method study）。時間研究亦擴大為「工作衡量」（work measucement）。方法研究分成程序分析與動作分析，主要目的在建立標準工作規範；而工作衡量主要分馬錶測時法、預定動作時間標準法及工作抽查法三種，其目的在訂定標準工作時間。如圖 4-1 所示。

在工廠裡，實施工作研究的目的，即是在改善現有的工作方法與工作效率，以經濟有效的最佳工作方式，使人力、物力及時間做最有效的利用，並激勵工作人員努力工作，以提高生產效率，降低成本。

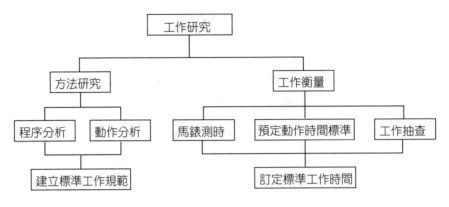

圖 4-1 工作研究的內容

第二節 方法研究

方法研究分為兩部分：一是程序分析（process analysis），另一是動作分析（motion analysis）。程序分析是從整個製程之大處著眼來分析，而動作分析是從小處著眼的分析。在實施動作分析之前，必須先作程序分析，因為經過程序分析對整個製程作全盤性的分析之後，再從事動作分析，以分析各個細微的動作這樣才有意義。否則，若未先經從大處著眼的程序分析便從事動作分析，將不具任何意義。

一、程序分析

程序分析乃是將某特定工作的整個製造過程，加以清晰的描述並繪製成程序圖（process chart），然後利用剔除（elimination）（不必要的）、合併（combination）（劃分過細或重複的）、重排（rearrangement）（調整先後次序）與簡化（simplification）（多餘的）（合稱ECRS）之技巧，來分析整個製程中的每一項操作，使之趨於合理，以達到提高工作效率之目的。

　　程序分析所使用的符號，根據美國機械工程師學會所製定的，共有五種，分別為操作、搬運、檢驗、等待及儲存，與第三章第四節表3-4.1所示程序圖的符號完全相同。

　　程序分析時，所使用的程序圖之形式有很多種，主要的程序圖有：1.分析整個製程時採用操作程序圖；2.分析材料或產品之流動時採用流程程序圖；3.分析工廠佈置及物料搬運時則採用流程圖；4.分析閒置產能時則採用聯合程序圖（含人機程序圖及多動作程序圖）；5.分析工作時左右手之移動則採用操作人程序圖。

　　各種程序圖分別進一步說明如下：

1. 操作程序圖（operation process chart）

　　操作程序圖係用以描述產品在製造過程中之工作概況，主要為顯示各項操作與檢驗之先後順序，而不包括搬運、等待、儲存。因操作程序圖僅用操作及檢驗兩種符號作為構成事項，而不能作為整個製程完整詳細的工作分析，因此一般操作程序圖均用於新產品研究發展期中，作為研究設計新生產線之用。

　　為了要使讀者對程序圖有所了解起見，今以操作程序圖為例。操作程序之流動以垂直線表示，材料之流動則以水平線表示。其架構如圖 4-2 所示，圖 4-3 則為一操作程序圖之實例。

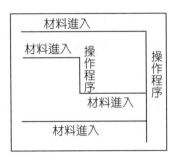

圖 4-2　操作程序圖之架構

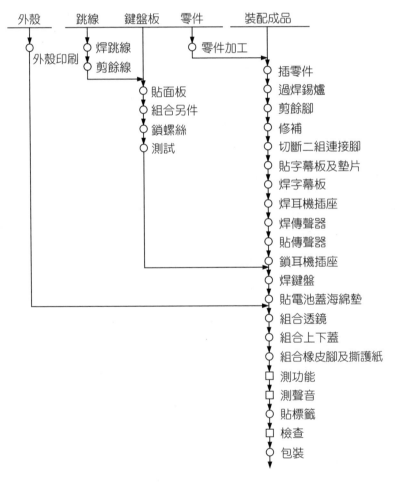

圖 4-3　電子遊樂器裝配之操作程序圖

2. 流程程序圖（flow process chart）

流程程序圖係以清晰的符號，依序顯示出製造過程中所有之事項，並記錄各項動作所需的時間及移動距離。由於流程程序圖詳細的記錄了整個製程中之操作、檢驗、運送、等待及儲存等動作，比操作程序圖詳盡而複雜，因而常對每一主要零件單獨研究其流程程序，以便分析其搬運距離、等待及儲存時間等隱藏成本（hidden cost）之浪費，並設法改善。

為了要使讀者對流程程序圖有所了解起見，今再以圖 4-4 及圖 4-5 為例，請參考之。主要是由五個程序分析符號所組成。

3. 流程圖（flow chart）

在流程程序圖中雖記錄了物料搬運的距離，但卻無法顯現其實際的移動路徑。流程圖正是用以顯現物料之實際移動路徑者，其係以比例尺寸繪出工廠之配置及製程之流動路徑。故此圖之目的在作搬運分析，希望將搬運的距離與次數都能降低，以減少搬運之浪費。在實務應用上，均將流程程序圖與流程圖配合使用。

圖 4-6 與圖 4-7 是為流程圖的一個例子；圖 4-6 為改善前的情形，圖 4-7 為改善後的情形。

圖號：001　張號：1之1		統　　計			
		動　　作	現行	建議	節省
產品／材料／人員		操　作　○	11		
		運　送　⇨	9		
動作：		等　待　▷	0		
由包裝部門搬運包裝好之產		檢　驗　□	1		
品至出貨部門之貨架		儲　存　▽	2		
方法：現行		距離（呎）	112		
地點：		時間（人一分）			
操作工人：A君　鐘號：001		成本：人工材料			
繪圖審定：　　　日期：		總　　　　計			

說　明	數量	距離（呎）	時間（分種）	符　號 ○	⇨	▷	□	▽	附記
1.等候指派								●	
2.接受指令				●					
3.走至板台存放區		10			●				
4.從架上拉取板台				●					
5.帶板台走至包裝部門		8			●				
6.將板台置於地上				●					
7.從包裝桌搬貨品至板台				●					
8.走至叉舉車停放處		12			●				
9.選取叉舉車				●					
10.將叉舉車開至包裝部門		12			●				
11.叉舉板台				●					
12.將板台送至出貨部門		13			●				
13.將板台置於地上				●					
14.叉舉車開回停放處		13			●				
15.叉舉車停妥				●					
16.走回出貨部門					●				
17.查封包裝單與貨品							●		
18.將貨品置於貨架上				●					
19.拿取板台				●					
20.攜板台走回板台存放區		21			●				
21.將板台置於架上				●					
22.走回倉儲室		10			●				
23.等候新指令								●	

圖 4-4　搬動工作之流程程序圖（改善前）

圖號：002　張號：1之1			統　　計			
	動　　作		現行	建議	節省	
產品／材料／人員	操　作　○		11	6	5	
	運　送　⇨		9	6	3	
動作：	等　待　▷		0	0	0	
由包裝部門搬運包裝好之產	檢　驗　□		1	1	0	
品至出貨部門	儲　存　▽		2	2	0	
方法：建議	距離（呎）		112	60	52	
地點：	時間（人一分）					
操作工人：A君　　鐘號：001	成本：人工材料					
繪圖審定：　　　　日期：	總　　　　計					

說　　明	數量	距離（呎）	時間（分種）	○	⇨	▷	□	▽	附記
1. 等候指派								●	
2. 接受指令				●					
3. 走至叉舉車停放處		5			●				
4. 取車				●					
5. 開車至包裝部門		12			●				
6. 叉舉板台				●					
7. 查封包裝單與包裝品							●		
8. 運送包裝品至出貨部門		13			●				
9. 置包裝品於貨架上				●					
10. 運送板台回至包裝部門		13			●				
11. 置板台於地上				●					
12. 開叉舉車回停放處		12			●				
13. 叉舉車停妥				●					
14. 走回倉儲室		5			●				
15. 等待下一指令								●	

圖 4-5　搬運工作實例之流程程序圖（改善後）

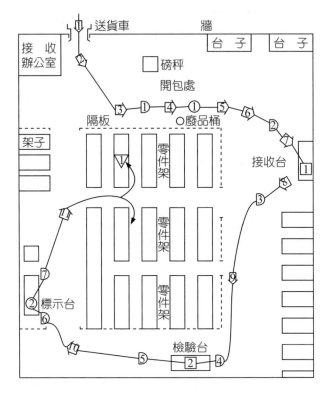

圖 4-6　流程圖（外來零件之接收與標示—改善前）

4.聯合程序圖（gang process chart）

聯合程序圖係用以分析在同一時間（或同一操作週期）內，同一工作地點之各種動作，並將機器操作週期與工人操作週期間之相互時間關係，正確而清楚的表示出來，故又稱「人—機程序圖」（man-machine process chart）。為使人員與機器能作充分有效之配合，有時一人會同時操作或監督多部機器。

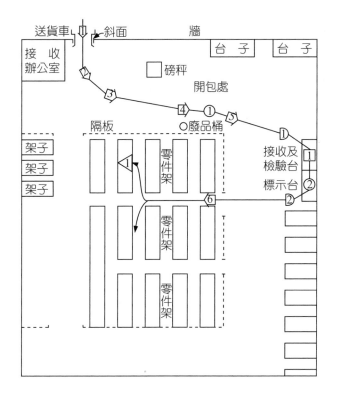

圖 4-7　流程圖（外來零件之接收與標示－改善後）

另一方面，某些操作複雜之機器，在同一時間可能需要數位工人同時共同操作，對於此種若干人配合一部機器或多部機器所繪製之程序圖，稱為「多動作程序圖」（multiple-activity chart）。

不論是人－機程序圖或多動作程序圖，均希望人員之閒置與機器之閒置能儘量避免，以求人－機間之平衡，充分配合與運用。

5.操作人程序圖（operator process chart）

操作人程序圖又稱為左右手操作圖（left and right hand operation chart），用以記錄操作人左右手之操作動作，進行分析並加以檢討改

善。操作人程序圖通常用在高度重複性，且在固定工作地點上進行之工作。

二、動作分析

動作分析是研究簡化及改進工作方法，尋求省時、省力、安全及更有效果之動作。其研究之對象主要為工作時人員身體及四肢動作的改進。

因精確程度不同，動作分析所採用的技巧有下列三種方法：

1. 目視動作分析（visual motion study）

目視動作分析即以肉眼觀測操作之進行，經記錄分析以圖改進。目視動作分析一般均使用操作人程序圖及動作經濟原則為分析改善之工具。

動作經濟原則（principle of motion economy）先由吉爾伯斯（Gilbreth）所創，後經巴恩斯（Barnes）加以研究改進，綜合為二十二項並歸納為三大類，其目的在減少操作人員的疲勞和縮短操作時間。適當應用這些原則可改善工作場所、機器設備及操作動作。

動作經濟原則可分為三大類，二十二項。如下：

第一類：人體運作之運用方面

(1)使用雙手並同時開始及同時完成動作。

(2)雙臂之動作應對稱，反向並同時為之。

(3)除規定休息時間外，雙手不應同時閒置。

(4)手之動作應以最低等級而能得滿意結果者為佳。

人身之運動部位可分為五級，如表 4-2.1 所示。

級別	樞軸	人身運動部位
1	指節	手指
2	手腕	手及手指
3	手肘	前臂、手及手指
4	肩膀	上臂、前臂、手及手指
5	身軀	軀幹、上臂、前臂、手及手指

表 4-2.1　人身動作之分類

依據上表之說明，級數愈高（1→5），則動作部位愈多（皆包括其較低級動作）愈費力；故利用最低級動作，可以節省動作部位，相對的可以省力。

(5)儘可能利用物體之動量。

(6)儘可能使用手和手臂之移動，作連續之曲線動作。

(7)彈道式運動，比受限制或受控制之運動，輕快而確實。

(8)工作儘可能保有輕鬆自然之節奏，使動作自然而圓滑。

第二類：工作場所之佈置方面

(9)應有適當之照明設備。

(10)工具及物料均應置於固定場所。

(11)儘可能利用「墜送」方法，減少搬運動作。

(12)手和手臂動作途徑應在正常工作區域內進行。

(13)工具物料應採取最佳之工作順序排列。

(14)工作枱及椅之高度，應適合工作者坐立並保持良好姿勢為宜。

(15)工作區域應以最少移動為原則。

(16)零件物料之供給，應利用零件物料本身之重量墜送至工作者手邊。

第三類：工具和設備之檢討

(17)儘量以夾具或足踏板代替手之工作，使手能執行更有用之工作。

⒅儘量利用多種用途之工具。

⒆手柄之設計,應儘可能使手之接觸面增大。

⒇手指分別工作時,應按其本能予以妥當之負荷分配。

(21)工具、物料應儘可能預放在固定工作位置。

(22)機器於上槓桿、十字桿及手輪之位置,應能使工作者極少變動
　　其姿勢,且能利用機械之最大能力。

以上 22 條是「動作經濟原則」,故我們對工作之改善應朝下列
諸方向去實施:

(1)儘量刪減不必要之動作。

(2)採取最短路徑之動作。

(3)動作之方向應採取最圓滑順暢者。

(4)採取減輕疲勞最多的動作。

　2.動素分析(therblig analysis)

　動素(therblig)為所有「動作」之基本劃分單位,為組成動作之
基本要素。吉爾伯斯將人體動作加以細分,可得 17 種動素。於工作中
將所用之各種動素逐項分析,謀求改進,此即動素分析。動素一般用
在較具重複性且週程較短的手操作研究上。動素對於預定動作時間標
準(predetermined motion time standard,簡稱 PTS)亦有莫大之幫助。

　茲將該 17 種動素分類如圖 4-8 所示。

類別	動素名稱	文字符號	形象符號	符號代表的意義
第一類	1.伸手（Reach）	RE	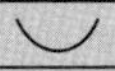 ‿	空手移動
	2.移動（Move）	M	 ⌣	手內握有物體移動
	3.握取（Grasp）	G	∩	利用手指或手掌充分控制物體
	4.對準（Position）	P	9	用手安放物體
	5.裝配（Assemble）	A	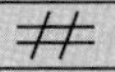 #	兩個以上物體配合在一起
	6.拆卸（Disassemble）	DA	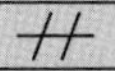 #	使一物體脫離他物體
	7.應用（Use）	U	U	為操作之目的而使用工具或設備
	8.放手（Release）	RL	 ⌒	將所持之物放開
第二類	9.尋找（Search）	SH	 ◯	眼睛或手摸物體之位置
	10.選擇（Select）	ST	 →	從兩個以上相似物體中選擇其一
	11.檢驗（Inspect）	I	◯	檢驗物體是否合乎標準
	12.計畫（Plan）	PN	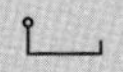 ⌐	操作進行中，為決定下一步驟所做的考慮
	13.預對（Preposition）	PP	8	將物體在對準之前，先擱置於預對準之位置
第三類	14.持住（Hold）	H	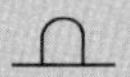 ∩	手指或手掌連續握取物體並保持靜止狀態
	15.遲延（Unavoidable Delay）	UD	 ∧	在操作中，因不可控制之因素而使工作中斷
	16.故延（Avoidable Delay）	AD	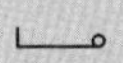 ⌐	在操作中，因工人之事故而使工作中斷
	17.休息（Rest）	RT	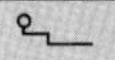 ⌐	工人因疲勞而休息

第一類：進行工作之要素。第二類：阻礙進行第一類工作之要素。第三類：對工作無益之要素。

圖 4-8　動素

　　動素分析一般均採用「動素程序圖」，此為將某一製造程序中人體之動作，以動素符號，詳細而對稱地表示之程序圖，動素程序圖之編製大致與操作人程序圖相同，分左右手兩邊對稱分列動素，惟須將每一動素所費時間予以正確的記錄，它通常是記載某一固定地點之操作。

3.影片分析（film analysis）

　　以攝影機對各操作拍攝成影片，然後放映影片，而加以分析，分

析影片內之動作可由拍攝之速度來控制，可分為細微動作研究及微速度動作研究兩種。由於影片分析之成本太高，此方法往往限於產品壽命長、週程極短，且重複性很多的手工操作之研究。影片分析分為：

(1)**細微動作研究**（micro-motion study）

吉爾伯斯夫婦首先採用攝影影片來分析動作，係以每秒 16 框的速度拍攝，拍攝完，沖製成影片，再利用放映機逐框放映，並加以分析研究，即為細微動作研究。

(2)**微速度動作研究**（memomotion study）

係 M. E. Mundel 採用一秒拍攝一框之速度將動作拍攝成影片，加以分析研究的方法。Mundel 發現此種影片具有分析上的可行性而且花費較少，遂採用其姓氏之縮寫而定名為「微速度動作研究」。

第三節 工作衡量

方法研究是對工作的程序和動作加以分析，定出經濟有效的標準操作程序和動作，而工作衡量則是針對標準操作規範予以測定時間，藉以訂定標準操作時間。如果一項操作尚未經過方法研究，則可能每位操作員均有其自己的一套工作程序和方法，自然無從測定時間。因此，只有在先經過方法研究，設定了經濟有效的統一操作規範之後，測定標準工時才有意義。

欲建立標準時間，下列三項條件及必需具備者：

1.操作者必需具備標準技能者。

2.根據標準方法去操作。

3.必須正常的努力狀況去操作。

一般工作衡量的進行順序，要按下列步驟：

1. 選擇決定要進行研究的操作項目。

2. 調查該項操作方法及條件，並進行操作之改善。

3. 改善效果良好的對策，實施操作標準化以維持改善的效果。

4. 對該項操作所需的時間，以動作要素分別進行觀測及記錄。

5. 評價操作員的動作速度，並將觀測值作適當的修正。

6. 訂定適當的時間寬裕。

7. 訂定該項操作的標準時間。

工作衡量法，最主要的目的是針對標準工作規範予以制定標準工作時間；它主要的方法又可分成：一、馬錶測時法、二、預定動作時間標準法、及三、工作抽查法等。今分述於後：

一、馬錶測時法 （stop watch time study）

又稱為直接測時法（direct time study），是應用最廣的一種方法。測定時，是以測時員使用馬錶到操作現場實地計測工作時間，據以訂定標準工時。所需的設備主要的計有三個：

1. 馬錶（stop watch）：常用的馬錶有二種型式

(1)十進分馬錶（decimal-minute stop watch）：錶面共分 100 小格，每小格代表 1/100 分鐘，即 0.01 分鐘，長針繞一圈代表 1 分鐘。短針的錶面共分 30 格，短針每移動一格代表一分鐘，每 30 分鐘短針繞轉一圈。此錶如圖 4-9 所示。

(2)十進時馬錶（decimal-hour stop watch）：錶面亦分 100 小格，長針每移動一小格，代表 0.0001 小時，亦即長針每轉一圈為

0.01 小時（或 0.6 分鐘）。短針錶面亦分 30 格，短針每移動一格為 0.01 小時，短針移動 $3\frac{1}{3}$ 圈為 1 小時。由於工廠中標準工時多採用「小時」為單位，而此種馬錶所測出之時間即以「小時」為單位，不需再換算，是其主要優點。此錶如圖 4-10 所示。

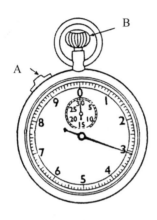

A＝滑鈕，供開停馬錶之用

B＝按鈕，壓下此鈕，兩針
　　即回至零位置

圖 4-9　十進分馬錶

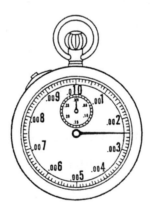

圖 4-10　十進時馬錶

2.時間觀測板（time study loard）

時間觀測板與一般單片夾板無異，不過設計時最好板有一固定馬錶的裝置，如圖4-11，使工作人員不需手提著馬錶，而影響工作。使用馬錶做測時工作時，必須有適用之時間觀測板，以安放記時用之時間研究表和馬錶。

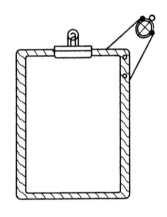

圖 4-11　　特製時間觀測板

3.時間研究表（time study form）

馬錶測時後，必須記錄一切有關資料，以供分析研究之用。通常均將格式標準化，並可按實際需要而自行設計。表 4-3.1 為時間研究表一例。

上列三個設備為測試人員到工廠作業時必需攜帶者；另外，其研究室中仍需有下列設備：

4.電子計算機。

時間研究表									
部門：						研究號碼： 張號：			
操作： 工廠／機器： 工具及樣板： 方法研究號碼：						停止時間： 開始時間： 經過時間：			
						操作人： 鐘號：			
產品／另件： 國號： 品質： 材質：						研究人： 日期：			
						審核人：			
單元說明	R	W.R	O.T	N.T	單元說明	R	W.R	O.T	N.T
注意：R＝評比（Rating）W.R＝錶讀數（Watch Reading）O.T＝觀察時間（Observed Time）N.T＝正常時間（Normal Time）									

表 4-3.1　時間研究表

5.有秒針之準確鐘。

6.測量儀器。如皮尺，鋼尺、分厘卡、轉速表等。

7.攝影放映器材。

　　馬錶測時法的主要目的是要求得標準時間，其公式有兩種，視評比係數之值而定。如下：

1.外乘法：（當評比係數大於 100%時）

> 標準時間＝觀測時間×評比係數×（1＋寬放率）
> 　　　　＝正常時間×（1＋寬放率）
> 　　　　＝正常時間＋寬放時間

其中，正常時間＝觀測時間 × 評比係數。

　　　　寬放率＝寬放時間／正常時間。

其意義如圖 4-12 所示。

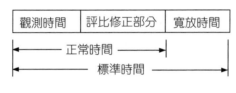

圖 4-12　外乘法計算標準時間

2.內乘法：（當評比係數小於 100%時）

> 標準時間＝觀測時間×評比系數×$\dfrac{1}{1-寬放率}$
> 　　　　＝正常時間×$\left(1+\dfrac{寬放率}{1-寬放率}\right)$
> 　　　　＝正常時間＋正常時間×$\dfrac{寬放率}{1-寬放率}$
> 　　　　＝正常時間＋寬放時間

其中，正常時間＝觀測時間 × 評比係數

　　　寬放率＝$\dfrac{寬放時間}{正常時間＋寬放時間}$

其意義如圖 4-13 所示。

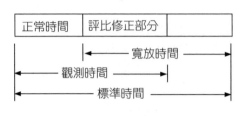

圖 4-13　內乘法計算標準時間

上述公式中之觀測時間（observed time）之定義是為測時員實際觀測後所得的時間稱為觀測時間。

公式中「評比係數」（rating factor），何謂評比（rating）或評比係數，它的意義是指觀測員在測時間時，為了平衡被觀測人臨場緊張或其他因素使其操作速度比「正常速度」為快或慢，所給予的調整因素。例如：動作比正常快 10%，則給予 110%的評比係數；比正常慢 5%，則給予 95%的評比係數。評比或評比係數只有在馬錶測時法才有，而在其他方法則無。

公式中「寬放」（allowance），是說人非機器，不可能一天八小時不停的工作，總需要喝水、擦汗、上洗手間、或疲勞了稍事休息；以上是人之寬放時間，另外還有物之寬放時間，如機器之潤滑、調整、刀具之研磨以及清除切屑等。寬放時間乃是為了因應這些需求，而在正常時間之外再加上一段必要的時間；因為正常時間是正常人以正常速度完成某項工作所須的時間，再加上寬放時間，才是標準時間。而寬放率是以百分比來表示。寬放時間是操作上無法避免之遲延時間，它無法分析，又它可分為人之寬放時間與物之寬放時間。而正常時間等於馬錶觀測時間乘以評比值。

二、預定動作時間標準法（PTS）

PTS是為克服直接時間研究之缺點而發展的一種釐定工作標準時間的方法，因為PTS不須要經過直接測時及評比，即可直接決定工作之正常時間。PTS是將工作分析成動作單元依次記錄後，再查表求出各動作單元之預定時間，累計各動作單元之預定時間值，即為該工作之正常時間，再加上適當之寬放時間，就是工作標準時間。

PTS法發展至今，已有相當多的方法被提出及應用，其中以方法時間衡量（method time measurement, MTM）及工作因素法（work factor, WF）二種應用最廣。

三、工作抽查（work sampling，簡稱WS）

工作抽查法係根據或然率以測定工作實況的一種技術。指在一工作單位內，吾人在不規則的時間間隔下，任意抽選若干工作樣本加以觀察，藉以獲悉全部工作的情形，以訂定標準工作時間。

第四節　工作研究與獎工制度

企業經營之基本目標有三個，即是：獲利能力、償債能力與擴充能力。在此三個基本目標中，任何企業當以獲取利潤為主要目的，並遂行到期債務之償還，進而增購設備、擴建廠房、開發市場、擴大產銷、達成穩健而快速的成長。既然獲取利潤為企業經營之優先目標，

企業經營者自然將其注意力集中於「如何提高企業之獲利能力」之焦點上。企業要想實現提高獲利能力,「降低成本」及「提高生產力」是兩大途徑,而獎工制度,即為達成此兩大途徑之重要措施之一。獎工制度係一種輔助性的薪資制度。

標準工作時間制度之後,往往並不能促使工作人員自動自發地在標準工作時間內完成工作,主要的原因是工作人員覺得其工作速度之快慢與酬勞無關,工作努力,並無任何實質之報酬,導致工作人員對工作不夠熱忱,生產效率因而無法提高。因此,工廠中為了提高生產效率,激發員工士氣,除了正常的工資以外,常實行獎工制度,發給工作成績優良的員工若干獎金或紅利,藉以激勵員工對工作的熱情。

獎工制度若要公平合理,則必須先實施工作研究,以做為決定工資率及獎工制度之根據。藉動作研究使工作方法標準化,藉時間研究製定標準工作時間;如此,有了工作標準之後,則無論是計件論酬或是計時論酬,都有所依據。若超過標準工作量,則發給獎金,超過愈多則獎金愈多,低於標準工作量者則不發給獎金。

歸納言之,獎工制度之實施,有助於員工士氣之提升與生產效率之提高,然其先決條件則是工作方法與工作時間要先標準化。如此,獎工制度方能在公平合理的基礎上,發揮其應有之功能。

習題

1. 工作研究的意義是什麼？

2. 工作研究的主要內容是為何？

3. 方法研究分為那兩部分？試說明此兩者之不相同處以及說明此兩者實施之先後次序是如何？

4. 程序分析的符號有那幾個？

5. 主要之程序圖有那幾種？並加以略述該程序圖之主要分析於何種場所？

6. 解釋動作分析是什麼？

7. 何謂動素？何謂動素分析？

8. 動作分析所採用的技巧有那幾種？

9. 動作經濟原則可分為那三大類？

10. 試述人體動作分類為那五級？

11. 對工作改善應朝什麼方向去實施？

12. 何謂影片分析？它又可分成那兩種？

13. 工作衡量法它最主要的目的是什麼？它主要的方法又可分成那三種？

14. 欲建立標準時間，需具備那三項條件？

15. 用馬錶測時法所求得的標準時間，其公式有那二種？試詳述之。

16. 何謂評比（rating）或評比係數（rating factor）？

17. 何謂預定動作時間標準法（PTS）？

18. 企業經營之基本目標有那三個？又企業想要提高獲利能力，其二大途徑又是什麼？

19. 試述工作研究與獎工制度之關係。

5
生產計畫與管制

生產管理（production management，中文可簡稱生管）有廣義與狹義兩種意義；狹義的生產管理係指僅包括生產計畫（production planning）與生產管制（production control，中文也可簡稱生管）兩種活動，而廣義的生產管理則指包括一切與生產有關的管理活動。生產管理與生產管制中文皆可簡稱為生管，但生產管理與生產管制不同意義，即兩者不相同，最明顯的是：生產管理的範圍比較廣，也就是說，生產管理包括了生產管制，生產管制是生產管理之一部分。

生產計畫與生產管制之關係相當密切。生產計畫之完整性影響生產管制推行之難易。若生產計畫不甚完整時，則生產管制推行起來頗費周章；生產計畫十分完整時，則生產管制推行起來輕易順利。如圖5-1 所示，只要在生產計畫上多下點工夫，就可以在生產管制上節省不少的麻煩與困擾。

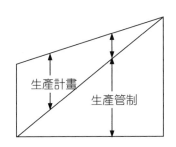

圖 5-1　生產計畫與管制之關係圖

第一節　產品之研究發展

研究發展乃為維繫企業生存與社會進步的主要泉源。

研究與發展（research and development，簡稱 R & D）可分成為兩大類：

一、純粹研究（puse research）：

　　著重於增進科學知識的研究活動。

二、應用研究（applied research）：

　　著重於實際的應用或實際問題的解決。

　　產品之研究發展，可以開發企業利潤。

　　開發產品必需要滿足顧客之需求。

一、產品研究發展之目的

產品研究發展之目的，具體的說，有下列數項：

㈠發展新產品或更佳產品。

㈡發展產品製造方法或更佳方法。

㈢發展產品新用途或更佳用途。

二、市場研究與產品開發

考慮自己的能力，能將品質做到什麼程度；考慮生產成本，在成本範圍內，把顧客需求的程度做的愈高愈好。因此，能力與成本，必

須同時考慮在內，來決定公司生產的方向，也就是產品開發與研究的目標。

生產導向時代之方式是：

成本＋利潤＝售價

企業的生產成本加上想獲得的利潤，就是市場的售價。

市場導向時代的方式是：

價格－成本＝利潤

市場主導，有所選擇，價格已被能接受的顧客銷定，所以要獲得較好的利潤，惟有降低成本。

競爭導向時代的方式是：

價格－利潤＝成本

有生產，一定就有競爭。因成本是影響價格最重要因素，而企業獲取利潤本是預期希望，成本低，價格才能低，自然能獲取市場，所以，競爭時代成本是重要的關鍵。

市場研究是產品開發方向的依據。

市場研究，要做三項工作：資料搜集、資料分析及推論。

資料搜集

時代在變，社會在進步，消費者也在進步，所以資料搜集應該包

括下列諸項：

1.產品的／技術的資訊

產品及技術是企業競爭的重點，不管是產品或技術不斷追求創新，有助成本的降低。

2.經濟的／市場的需求

經濟的變革，市場的潮流，國際動態，要隨時作資料搜集，以作為分析預測的準備。

3.社會的／文化的演進

社會是人類活動的場所，文化是人類表現的行為，產品如果不適合場所及行為，那此產品將毫無競爭能力可言。

4.政治的／法律的因素

政治會影響經濟，法律對產品的約束具有某種程序的影響，因此，企業產品的開發也要注意這些資料。

以台灣企業經濟發展，21 世紀可以預見的變革有下列幾點：

1.資訊化

電腦、通訊結合，但是商品壽命週期短，且獲利週期也短。因此，速度、時機掌握是未來競爭的重點所在。

2.自由化

自由競爭將引來國際化，閉關自守已不合時代潮流，保護政策也

不是永遠的利器，不管市場、資訊、競爭都將邁向自由化、國際化。

3.重視環保

地球環境受到高度工業化而遭到破壞，因此企業生產，應注意環境保護。

4.產品及技術變革

台灣面臨人力短缺、工資上漲的壓力，產業不得不改變生產結構，所以自動化，彈性製造系統是二十一世紀的主力，而產品也將走向附加價值高的技術密集產業。

5.人口高齡化、嬰兒潮及晚婚現象的來臨

這一代由於營養豐富、醫藥發達、壽命增長，未來會更高比例的高齡化人口，而這一代也因為勤奮，經濟普遍獲得改善，加上政府教育更普及，所以這一代的子女在未來成長後，有晚婚的趨勢，面對的是這一代的高齡、晚婚及幼兒之影響，生活有不一樣的結構產生即老人照顧事業及幼兒託養是未來社會迫切需求的行業，相關的產品也將應運而生。

6.消費意識高漲

國人生活富裕，消費能力增高，意識也增強了，所以對商品的品質要求也漸漸變為第一個需求。

資料分析

　　本產業與上游產業（供應產品）及下游產業（消費產業）有互動的關係，同時要分析潛在對手與替代產品來增加或移轉經營壓力，其關係如下：

　　分析上游產業的供應材料及相關零件之能力及下游產業需求的目標，決定擴大或縮小本產業。潛在對手如果造成本產業生存壓力時，要積極發展替代產品，另創新局。

推論

　　將資料做分析後，推論產品、技術、市場及產業發展趨勢，然後決定公司可能發展的趨勢。

　　由於公司可能發展的趨勢必須配合產品之研究發展。因此，企業必須常設產品發展組織，隨時作新產品的開發，以替代產品問市的準備。

三、產品開發的方法

　　產品開發的方法可以朝模仿改善及發明著手；不管採取什麼方法，產品開發時，要注意下列事項：

㈠消費者可能接受的程度

　　從下列方向去評估消費者是否能夠接納新產品：

　1.外觀方面。

　2.使用方便程度。

　3.用途。

　4.耐用程度。

　5.使用及維護費用。

　6.售價。

　7.種類型式及花色。

㈡發展新產品應調查別人是否已申請專利。

㈢製造成本問題。

　　開發新產品如能品質高、售價低，那將是美而廉的產品，最受歡迎。

㈣新產品在工廠內是否有製造設備及人力之可利用。

㈤新產品之分銷機構之尋覓是否容易。

㈥新產品對本公司產品之影響。

　　新產品是否：

　1.補原有產品品質之不足。

　2.與原有產品相競爭：最好避免。

　3.為原有產品之替代品。

㈦新產品之副產品是否可利用。

四、產品壽命週期

新產品上市，無法永遠的活躍於市場上（如電腦），而會有其壽命週期存在的。圖 5-2 為典型的產品壽命週期之各階段，典型的產品壽命週期曲線呈 S 形，有四個明顯的階段，即是為：(1)引介期（introduction）；(2)成長期（growth）；(3)成熟期（maturity）；及(4)衰退期（decline）。圖中，最左邊的是產品發展階段，它不該算是產品壽命週期之一，因產品尚未上市。

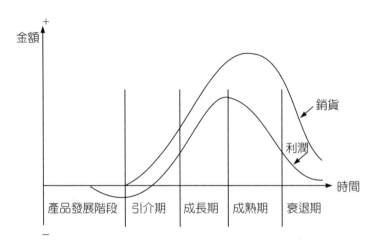

圖 5-2　產品壽命週期

第二節　銷售與生產預測
（forecasting）

　　生產預測與銷售預測在執行的方法和技術上，大致相同，但生產預測與銷售預測的數字則未必相同。今以冷氣機為例，在冬天時，銷量很少，生產量多於銷售量，此時生產線之產量不宜隨之改變，應該繼續照常生產，以便於預先存放於倉庫裡；但當在夏天時，銷售很多，生產量少於銷售量，生產不夠供應需求，此時可將預先存放於倉庫裡之冷氣機拿出來銷售。故生產預測數值不變，但銷售預測需作適當的調整。

　　有關於預測方面，我們只談時間數列分析（time series analysis）。時間數列分析在於尋找銷售量隨時間變化而變化的規則；依照這種規則，我們就可以推算出未來的銷售預測。影響時間數列之因素，大體上可以歸納成下列四種：

一、長期趨勢（secular trend）。

二、循環變動（cyclical movement）。

三、季節變動（seasonal variation）。

四、偶然變動（irregular fluctuation）。

　　長期趨勢為長時期的預測值呈漸增或漸減的現象，例如隨著時間的增長，台灣汽車量呈現增加之趨勢。循環變動是一種一年以上（三、四年或五、六年）較長時間之反覆循環的變動，例如景氣變動。季節變動是一種以一年為週期的反覆變動，主要原因係四季氣候不同所

致。偶然變動係一種很不規則的變動，其發生原因常是不可測，如天災地變、戰爭等偶發事件。這種突發事件之發生，事先預測不到。長期趨勢、循環變動、季節變動有規則性，故可以加以預測；偶然變動乃突發事件而無規則可循，故無法加以預測。今把預測詳述於後：

一、長期趨勢預測法

長期趨勢預測法的方法有四種：

㈠隨手劃法（free-hand method）。

㈡半平均法（semi-average method）。

㈢移動平均法（moving average method）。

㈣最小平方法（least square method）。

隨手劃法

在散佈圖上以肉眼觀察的方式，隨手劃出一條足以代表各點趨勢的線。所謂足以代表各點趨勢的線是指在此趨勢線上方各點到趨勢線的縱座標距離和，趨近等於在此趨勢線下方各點到趨勢的縱座標距離和。

5-1

下列為某公司每季的生產汽車量（單位是輛）資料，試以隨手劃法，預測2006年第四季的生產量。

年	季				總和
	Q_1	Q_2	Q_3	Q_4	
2001	972	925	772	829	3498
2002	904	1039	1269	793	4005
2003	1081	1747	1747	1155	5730
2004	1654	2190	2315	2030	8189
2005	2086	2629	2400	2500	9615

 首先繪製散佈圖，如圖 5-3 所示，並在散佈圖上劃出趨勢線 AB。要預測 2006 年第四季之生產量，可直接延伸趨勢線 AB 便可得之。或者先求出 AB 線的方程式，由圖 5-3 知，AB 線通過 P_1、P_2 二點，若設 P_1 的時間座標為 0，則 P_2 的時間座標為 14，又假設 AB 線之方程式為 $Y = a + bt$，則

a＝772（2001 年三季的生產量）

b＝(2086 － 772)/14＝93.86

$\therefore Y = 772 + 93.86t$

2006 年第四季的 t 應為 21

故 $Y_{2006Q_4} = 772 + 93.86 \times 21$

$= 2743.06$（輛）＝2743 輛

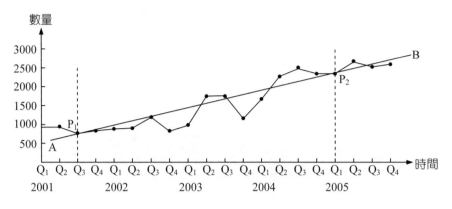

圖 5-3　某公司汽車生產量散佈圖

 半平均法

　　半平均法係將時間數列資料分成二組，分別求算各組平均數，再將其點繪於散佈圖上，然後劃一條線通過此二點，此條線即為趨勢線。如果時間數列的資料個數為偶數個，剛好可分成二半；如果時間數列資料個數為奇數個，則最中間的資料可同屬兩組使用。

例題 5-2

　　沿用例題5-1的某公司資料，以半平均法預測2006年第四季之生產量。

　　將時間數列資料劃分成二部分：

上半部平均值 $\overline{t_A} = 10331/10 = 1033.1$

下半部平均值 $\overline{t_B} = 20706/10 = 2070.6$

$\overline{t_A}$ 的位置在 2002 年第一季與第二季之間，$\overline{t_B}$ 的位置在 2004 年第三季與第四季之間，若以 2001 年第一季為時間原點，則 $\overline{t_A}$ 的時間座標（t_1）為 4.5，$\overline{t_B}$ 的時間座標（t_2）為 14.5。設趨勢線為 $Y = a + bt$，則

$$1033.1 = a + 4.5b \quad\cdots\cdots\cdots\cdots\cdots\cdots\cdots\cdots\cdots\cdots①$$
$$2070.6 = a + 14.5b \quad\cdots\cdots\cdots\cdots\cdots\cdots\cdots\cdots\cdots②$$

解①、②二式，可得

　　$a = 566.225$，$b = 103.75$

故 $Y = 566.225 + 103.75t$

2006 年第四季的 t 為 23

$\therefore Y_{2006, Q_4} = 566.225 + 103.75 \times 23$

　　　　　　$= 2952.475$（輛）$= 2952$ 輛

上半部（A）			下半部（B）		
年	季	數量	年	季	數量
2001	Q_1	972	2003	Q_3	1747
	Q_2	925		Q_4	1155
	Q_3	772	2004	Q_1	1654
	Q_4	829		Q_2	2190
2002	Q_1	904		Q_3	2315
	Q_2	1039		Q_4	2030
	Q_3	1269	2005	Q_1	2086
	Q_4	793		Q_2	2629
2003	Q_1	1081		Q_3	2400
	Q_2	1747		Q_4	2500
總和		10331	總和		20706

移動平均法

移動平均法係以過去資料為依據,將最近 n 期資料之平均數作為下一期之預測值。其方法如下:

1. 首先選定 n 期,以作為預測的依據。
2. 根據下列公式求算平均值:

$$M_T = (t_{T-n+1} + \cdots\cdots + t_{T-1} + t_T)/n$$

式中 M_T 為在 T 期的移動平均值,它可作為下一期的預測值。n 是固定數而 T 則不是固定數。

> **例題 5-3**
>
> 沿用例題5-1的資料,試預測2006年第一季之生產量。

列表計算如下：

年	季	生產量	4 季移動和	4 季移動平均值
2001	Q_1	972		
	Q_2	925		
	Q_3	772		
	Q_4	829	3498	874.5
2002	Q_1	904	3430	857.5
	Q_2	1039	3544	886
	Q_3	1269	4041	1010.25
	Q_4	793	4005	1001.25
2003	Q_1	1081	4182	1045.5
	Q_2	1747	4890	1222.5
	Q_3	1747	5368	1342
	Q_4	1155	5730	1432.5
2004	Q_1	1654	6303	1575.75
	Q_2	2190	6746	1686.5
	Q_3	2315	7314	1828.5
	Q_4	2030	8189	2047.25
2005	Q_1	2086	8621	2155.25
	Q_2	2629	9060	2265
	Q_3	2400	9145	2286.25
	Q_4	2500	9615	2403.75
				（2006 年 Q_1 預測值）

故 2006 年第一季生產量預測值為 2403.75 輛。

〔註：在表裡，4 季移和中，3498＝972＋925＋772＋829。3430
＝925＋772＋829＋904。又，n＝4，故在 4 季移動平均值當中，874.5

＝3498/4；857.5＝3430/4。依此類推。〕

最小平方法

此法較為煩雜，但亦較為精確，是長期趨勢預測方法中用得最多者。以X代表時間，Y代表實際值，Y_F代表預測趨勢值，假設預測趨勢線為 $Y_F = a + bX$。為避免各誤差值總和$[\Sigma(Y - Y_F)]$時，產生正負相抵的現象，因此取各誤差值平方後之總和$[\Sigma(Y - Y_F)^2]$為最小，亦即所謂「最小平方」係指實際值與趨勢值之誤差值的平方和為最小。依此原理得：

$$E = \Sigma(Y - Y_F)^2 = \Sigma(Y - a - bX)^2 = \Sigma(Y^2 + a^2 + b^2X^2 - 2aY - 2bXY + 2abX) = \Sigma Y^2 + na^2 - b^2\Sigma X^2 - 2a\Sigma Y - 2b\Sigma(XY) + 2ab\Sigma X$$

求$\Sigma(Y - Y_F)^2$為極小，應求$\Sigma(Y - Y_F)^2$之第一次偏微分令其等於零。即：

$$\frac{\partial E}{\partial a} = 0 \ ; \ \frac{\partial E}{\partial b} = 0$$

$$故 \ \frac{\partial E}{\partial a} = 2na - 2\Sigma Y + 2b\Sigma X = 0 \Rightarrow \Sigma Y = an + b\Sigma X \quad \cdots\cdots\cdots\cdots (1)$$

$$\frac{\partial E}{\partial b} = 2b\Sigma X^2 - 2\Sigma(XY) + 2a\Sigma X = 0 \Rightarrow \Sigma XY = a\Sigma X + b\Sigma X^2 \ \cdots\cdots (2)$$

方程式(1)及(2)稱之為正規方程式（normal equations），用克拉瑪法則（Cramer's rule）去解 a 及 b，即得：

$$a = \frac{\begin{vmatrix} \Sigma Y & \Sigma X \\ \Sigma(XY) & \Sigma X^2 \end{vmatrix}}{\begin{vmatrix} n & \Sigma X \\ \Sigma X & \Sigma X^2 \end{vmatrix}} = \frac{\Sigma Y \Sigma X^2 - \Sigma X \Sigma(XY)}{n \Sigma X^2 - (\Sigma X)^2} \quad \cdots\cdots\cdots\cdots\cdots\cdots (3)$$

$$b = \frac{\begin{vmatrix} n & \Sigma Y \\ \Sigma X & \Sigma(XY) \end{vmatrix}}{\begin{vmatrix} n & \Sigma X \\ \Sigma X & \Sigma X^2 \end{vmatrix}} = \frac{n \Sigma(XY) - \Sigma X \Sigma Y}{n \Sigma X^2 - (\Sigma X)^2} \quad \cdots\cdots\cdots\cdots\cdots\cdots (4)$$

 5-4

仍沿用例題5-1的資料，以年度為時間單位，利用最小平方法，預測2006年的生產量。

 設趨勢線為 $Y = a + bX$，式中 Y 為年生產量，X 為時間單位（年），a 及 b 為二常數。列表計算如下：

年	Y	X	X²	XY
2001	3498	0	0	0
2002	4005	1	1	4005
2003	5730	2	4	11460
2004	8189	3	9	24567
2005	9615	4	16	38460
總和	31037	10	30	78492

由公式(3)及(4)可得：

$$a = \frac{\Sigma Y \Sigma X^2 - \Sigma X \Sigma (XY)}{n\Sigma X^2 - (\Sigma X)^2} = \frac{31037 \times 30 - 10 \times 78492}{5 \times 30 - (10)^2} = 2923.8$$

$$b = \frac{n\Sigma (XY) - \Sigma X \Sigma Y}{n\Sigma X^2 - \Sigma X^2} = \frac{5 \times 78492 - 10 \times 31037}{5 \times 30 - (10)^2} = 1641.8$$

$$\therefore Y = a + bX = 2923.8 + 1641.8 \times 5 = 11132.8 \text{（輛）}$$

上面計算較繁，在例題 5-4 中，趨勢線的原始基準期為 2001 年，若使中間一期為原始基準期。較原始基準期為早者，依次以負整數表示；較原始基準期為遲者，依次以正整數表示之。是則可以使 X 之值正負相抵消，即使 $\Sigma X = 0$，代入公式(3)及(4)得：

$$a = \frac{\Sigma Y \Sigma X^2}{n\Sigma X^2} = \frac{\Sigma Y}{n} \quad \cdots\cdots\cdots\cdots\cdots\cdots\cdots\cdots\cdots (5)$$

$$b = \frac{n\Sigma (XY)}{n\Sigma X^2} = \frac{\Sigma (XY)}{\Sigma X^2} \quad \cdots\cdots\cdots\cdots\cdots\cdots\cdots (6)$$

$$\text{故 } Y = a + bX = \frac{\Sigma Y}{n} + \frac{\Sigma (XY)}{\Sigma X^2}X \quad \cdots\cdots\cdots\cdots (7)$$

 5-5

當 n 是奇數時，則令中間點時之 x 值為零。去解例題5-4。

年	Y	X	X²	XY
2001	3498	−2	4	−6996
2002	4005	−1	1	−4005
2003	5730	0	0	0
2004	8189	1	1	8189
2005	9615	2	4	19230
總和	31037	0	10	16418

由公式(5)及(6)知：

$$a = \frac{\Sigma Y}{n} = \frac{31037}{5} = 6207.4 \quad (\because \Sigma X = 0)$$

$$b = \frac{\Sigma(XY)}{\Sigma X^2} = \frac{16418}{10} = 1641.8 \quad (\because \Sigma X = 0)$$

$$\therefore Y = a + bX = 6207.4 + 1641.8X$$

2006 年時，X 是為 3，故：

$$Y_{2006} = 6207.4 + 1641.8 \times 3 = 11132.8 \; 輛$$

 5-6

　　當 n 是偶數時，則令中間之兩 X 值為負1及正1，如下表所示：（多增加了2000年之生產量）

年	Y	X	X²	XY
2000	3012	−3	9	−9036
2001	3498	−2	4	−6996
2002	4005	−1	1	−4005
2003	5730	1	1	5730
2004	8189	2	4	16378
2005	9615	3	9	28845
總和	34049	0	28	30916

由公式(5)及(6)得：

$$a = \frac{\Sigma Y}{n} = \frac{34049}{6} = 5674.83 \quad (\because \Sigma X = 0)$$

$$b = \frac{\Sigma XY}{\Sigma X^2} = \frac{30916}{28} = 1104.14 \quad (\because \Sigma X = 0)$$

$$\therefore Y = a + bX = 5674.18 + 1104.14X$$

又，2006 年時的 X 值為 4

$$\therefore Y_{2006} = 5674.83 + 1104.14 \times 4 = 10091.39 \text{ 輛}$$

故上述例題 5-5 是當 n 是為奇數時的最小平方法，而例題 5-6 是當 n 是為偶數時的最小平方法。

二、季節變動預測方法

季節變動預測方法之目的在求出需求具有季節性變動時的各季需求預測值。常用的方法有：

㈠簡單平均法（simple average method）。

㈡移動平均法（moving average method）。

👍 簡單平均法

簡單平均法求算季節指數之步驟如下：

1. 將歷史資料依季節或月份整理。

2. 求算各季或各月平均值。

3. 求算總平均值。

4. 分別將各季或各月之平均值除以總平均值，而得各季或各月的季

節指數。

5.根據長期趨勢所求得之年度預測值，分別乘上各季或各月之季節
指數，而得各季或各月之需求量。

 5-7

仍沿用例題 5-1 的資料，試以簡單平均法求算各季季節指
數，並根據最小平方法所得之2006年預測值求算2006年各季之生
產量。

(1)將歷史資料整理如下：

年	Q₁	Q₂	Q₃	Q₄
2001	972	925	772	829
2002	904	1039	1269	793
2003	1081	1747	1747	1155
2004	1654	2190	2315	2030
2005	2086	2629	2400	2500

(2)求算各季平均值

$$\overline{Q}_1 = (972 + 904 + 1081 + 1654 + 2086)/5 = 1339.4$$
$$\overline{Q}_2 = (925 + 1039 + 1747 + 2190 + 2629)/5 = 1706$$
$$\overline{Q}_3 = (772 + 1269 + 1747 + 2315 + 2400)/5 = 1700.6$$
$$\overline{Q}_4 = (829 + 793 + 1155 + 2030 + 2500)/5 = 1461.4$$

(3)求算總平均值

$$\overline{T} = (1339.4 + 1706 + 1700.6 + 1461.4)/4 = 1551.85$$

(4)求算各季季節指數

$$SI_{Q_1} = 1339.4/155185 = 0.8631$$
$$SI_{Q_2} = 1706/1551.85 = 1.0993$$
$$SI_{Q_3} = 1700.6/1551.85 = 1.0959$$
$$SI_{Q_4} = 1461.4/1551.85 = 0.9417$$

(5)根據最小平方法求得 2006 年之預測生產量為 11132.8（輛），
亦即平均每季為 2783.2（11132.8 ÷ 4），則 2006 年各季之預測
生產量為：

$$F_{Q_1} = 2783.2 \times 0.8631 = 2402.18 \text{（輛）}$$
$$F_{Q_2} = 2783.2 \times 1.0993 = 3059.57 \text{（輛）}$$
$$F_{Q_3} = 2783.2 \times 1.0959 = 3050.11 \text{（輛）}$$
$$F_{Q_4} = 2783.2 \times 0.9417 = 2620.94 \text{（輛）}$$

移動平均法

移動平均法之計算步驟如下：

㈠將歷史資料按年度及季節次序排列。

㈡計算四季移動平均值，然後再求二季的移動平均值。

㈢計算各季之季節指數，其公式為：

$$季節指數 = \frac{該季之實際值}{該季之二季移動平均值}$$

㈣依季節分別整理各季之季節指數，並求算各季之平均季節指數。

㈤各季之平均季節指數總和之平均值應為 1.0，否則應予調整，調整後之季節指數即為所求之各季節指數。

㈥根據最小平方法求得之年度預測值，求算各季之預測值。

 5-8

　　沿用例題5-1資料，以移動平均法求算各季之季節指數，再根據最小平方法求得之2006年生產量預測值，求算2006年各季之預測生產量。

　　按各步驟求算如下：

　　(1)、(2)、(3)按序整理資料，並求算季移動平均值及季節指數。

年	季	生產量	四季移動平均值	二季移動平均值	季節指數
2001	Q$_1$	972			
	Q$_2$	925			
			874.5		
	Q$_3$	772		866	0.89145
			857.5		
	Q$_4$	829		871.75	0.95096
			886		
2002	Q$_1$	904		948.125	0.95346
			1010.25		
	Q$_2$	1039		1005.75	1.03306
			1001.25		
	Q$_3$	1269		1023.375	1.24001
			1045.5		

年	季	生產量	四季移動平均值	二季移動平均值	季節指數
	Q₄	793		1134	0.69929
			1222.5		
2003	Q₁	1081		1282.25	0.84305
			1342		
	Q₂	1747		1387.25	1.25933
			1432.5		
	Q₃	1747		1504.125	1.16147
			1575.75		
	Q₄	1155		1631.125	0.70810
			1686.5		
2004	Q₁	1654		1757.5	0.94111
			1828.5		
	Q₂	2190		1937.875	1.13010
			2047.25		
	Q₃	2315		2010.25	1.10173
			2155.25		
	Q₄	2030		2210.125	0.91850
			2265		
2005	Q₁	2086		2275.625	0.91667
			2286.25		
	Q₂	2629		2345	1.12111
			2403.75		
	Q₃	2400			
	Q₄	2500			

上表中：在四季移動平均值裡：874.5＝（972＋925＋772＋829）/4，857.5＝（925＋772＋829＋904）/4，依此類推；在二季移動平均值裡，866＝（874.5＋857.5）/2；871.25＝（857.5＋886）/2，依此

類推；在季節指數裡，0.89145＝772/866，0.95096＝829/871.75，依此
類推。

(4)按季整理季節指數如下：

	Q₁	Q₂	Q₃	Q₄
			0.89145	0.95096
	0.95346	1.03306	1.24001	0.69929
	0.84305	1.25933	1.16147	0.70810
	0.94111	1.13010	1.10173	0.91850
	0.91667	1.12111		
總和	3.65429	4.5436	4.39466	3.27685
平均	0.9135725	1.1359	1.098665	0.8192125

(5)各季平均季節指數總和之平均值為：

$$(0.9135725 + 1.1359 + 1.098665 + 0.8192125)/4 = 0.9918375 \neq 1$$

∴各季季節指數調整如下：

$$SI_{Q_1} = 0.9135725 \times \frac{1.0}{0.9918375} = 0.9211$$

$$SI_{Q_2} = 1.1359 \times \frac{1.0}{0.9918375} = 1.1452$$

$$SI_{Q_3} = 1.098665 \times \frac{1.0}{0.9918375} = 1.1077$$

$$SI_{Q_4} = 0.8192125 \times \frac{1.0}{0.9918375} = 0.8260$$

(6)根據最小平方法求得 2006 年生產量預測值為 11132.8，故 2006
　　年各季之預測生產量為：

$$F_{Q_1} = \frac{11132.8}{4} \times 0.9211 = 2563.6 （輛）$$

$$F_{Q_2} = \frac{11132.8}{4} \times 1.1452 = 3187.3 （輛）$$

$$F_{Q_3} = \frac{11132.8}{4} \times 1.1077 = 3082.9 （輛）$$

$$F_{Q_4} = \frac{11132.8}{4} \times 0.8260 = 2299 （輛）$$

第三節　生產計畫之擬定

先生產後銷售，生產前要先有生產計畫，而生產計畫主要係以生產預測為基礎而擬定的，亦即生產計畫數量不必與預測銷售數量完全吻合，當此二種數量發生差異時，則由產品儲存量之增減，作為緩衝而加以調節。

生產計畫本身是生產管理的一部分，因計畫是管理的基本功能之一。

先生產後銷售，但銷售計畫先於生產計畫。

一、生產計畫之定義及目的

生產計畫之定義是為：

生產計畫又名生產工程（production engineering），它是一種管理的功能，它是屬於計畫性的工作，主要研究如何以最有效又最經濟的方法，在何時、何地、用何種物料、工具、設備及人力來製造或裝配完成產品，而符合設計規範及樣品條件。

生產計畫主要之目的是為：

㈠配合市場供需：企業的生產，無論在數量上、品質上、時間上、價格上都要以滿足使用者的需要為目標。

㈡獲得預期利潤：為維持企業的生存，必須謀求適當的利潤。良好的生產計畫可以供給必需的資料，以作成有利的決定，促成生產利益，保障投資報酬。

㈢發揮生產能量：企業的生產計畫應使產能維持於最經濟有效率的適當水準。

㈣穩定員工就業：生產計畫者必須設法使企業長期不停的生產，穩定生產作業的進行，避免產量忽增忽減，員工時作時息的現象。

而其次要的目的則應能消除下列各種浪費：1.人工的閒散；2.機器的停頓；3.物料的呆滯；4.資金的浪費；5.交貨的延期；6.成品的滯銷與積壓。

二、生產計畫之內容

生產計畫所包括之內容如下：

產品計畫（product plan）

產品計畫係設定產品之形狀、特性及規格等。

👍 負荷計畫（load plan）

此計畫在決定人員與機器設備的使用能力及分析，其中包括適當的配置工作及工作量計畫。生產能力等於生產負荷是為最理想，生產能力與生產負荷之差值，稱為生產餘力。

👍 途程計畫（routing）

所謂途程計畫係指產品由原料到成品其間所經過一連串製造過程的安排。

👍 日程計畫（scheduling）

日程計畫又稱為製造日程安排，它係指決定何時實施何項工作，其最終目的在於使產品能在一定期限內完成並趕上交貨期限。日程計畫可分為：1.大日程計畫（master schedule）（又稱製造日程總表）、2.中日程計畫（manufacturing schedule）（又稱生產預定表）及3.小日程計畫（detail schedule）（又稱作業預定表）等三種。

三、生產計畫人員的任務

生產計畫的業務範圍常與其他部門相關聯，故難於明確劃分，但一般而言，生產計畫人員主要的任務有：

㈠決定產品的種類。

㈡決定產品的品質。

㈢決定產品的成本。

㈣決定產品的數量。

㈤決定生產時間及期限。

㈥訂定生產的日程。

四、生產計畫所需要的情報與資料

㈠銷售預測。

㈡製品及零件之需要量。

㈢工程之加工程序。

㈣各加工過程的開工及完工時間。

㈤人員資料。

㈥機械設備資料。

㈦在庫品資料。

㈧工廠現行之佈置及組織狀況是否合適？

第四節　生產管制之執行

　　企劃人員已將生產計畫訂出，製造現場應依該計畫進行生產。但是，製造現場究竟有無依據生產計畫進行生產？若沒有按照生產計畫時應怎麼辦？這就是生產管制（production control）要執行的工作範圍。生產管制所包括的內容如下：

一、工作指派（dispatching）：工作指派係將應分派之工作，指定適

當的工作人員與機器設備去完成。

二、工作跟催（follow-up）：工作跟催在協調實際之工作，其目的在使工作能如期完成。

一、工作指派

工作指派的意義

工作指派俗稱派工，何謂派工？所謂派工就是根據細部排定的途程與日程計畫，按所既定的預計開始及完成排程表，把工作分配給執行單位的人員和機器。同時，開出的工作命令，指示現場開始進行生產活動。工廠規模很小時，派工只要靠言語傳達即可；但如規模較大，人員機器及製造程序複雜時，則需靠各種傳票及通知來溝通情報。

派工的方式

派工的方式分為下列兩種方式：

1. 集權式的工作指派（centralized control）

由生管部門統一指揮分派。生管部門將工作命令送至各工場，再由工場主管轉交給作業員執行。工作完工後，由工場主管轉知生管部門。如圖 5-4。此種方法適合小工廠，其生產型態少種多量、機器不複雜及工廠位置集中之情況。

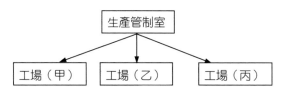

圖 5-4　集權式的工作指派

2.分權式的工作指派（decentralized control）

此種派工方式係由工作分派部門將各種有關的表單（如工作令、製造命令單、製造日程表等）交給製造單位的主管，於規定完工日期內，由其自行安排各訂單的工作次序和製造日期，並指派工作人員與機器從事生產。此種工作指派方式，製造單位主管有較多的權力與自由，按照其認為妥當的方法安排工作計畫，此種辦法適合中型以上的工廠使用，其生產型態為產品少量化、製程複雜、員工及機器種類繁多和工廠位置分散之情況。如圖 5-5。

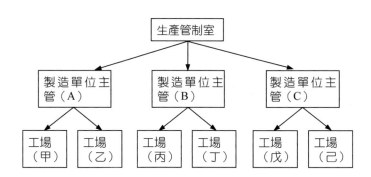

圖 5-5　分權式的工作指派

二、工作跟催

工作跟催主要目的先查核製造工作的實際進度，並設法使其與計畫進度相符。

👍 工作跟催種類

工作跟催有物料跟催、託外品跟催及製造進度跟催。

1. 物料跟催

物料之跟催，俗稱催料。生管單位必須催料以配合生產單位之需要，其催促的對象為物料單位，而物料單位催供應商，要求物料準時入庫。

2. 託外品跟催

跟催製造零件一定要趕在本廠加工或裝配之前入庫，並完成品質鑑定與數量確定，才不會影響工期。

3. 製造進度跟催

製造進度跟催是希望能如期交貨，若按生產方式來區別，其跟催工作有下列兩種型態：

(1)存量生產製造：催工員主要任務為核對材料供應與生產數量是否符合生產計畫。

(2)訂貨生產製造：催工員必須隨時會同工場主管檢查每一工作程

序之實際進度，如有落後進度時則設法補救。其跟催方式有二：

①按產品跟催：產品從開工至完工由一人跟催到底。

②按單位跟催：由一人跟催在一個單位內生產之各種產品。

一般工作延誤的原因有

1. 設備之負荷能力不足。

2. 批量不經濟，致調置時間太多。

3. 人力需求估計太低或人員請假、曠職、出勤率差。

4. 設計修改。

5. 工具損壞。

6. 機器故障率太多。

7. 物料延擱。

8. 製造產生不良，須重做。

9. 原材料不良，使加工或裝配產生困擾。

10. 生產計畫考慮欠週詳甚或錯誤。

11. 意外事故而引起。

　　一旦發生工作延誤，生產管制室應派生產管制員協助解決困難及作各方聯繫，此人必須工作經驗豐富，各方連絡很熟，可以短時期內解決困難。

習題

1. 生產管理分廣義及狹義之意義，二者如何解釋？

2. 試畫圖並說明生產計畫與生產管制之關係，如何密切法？

3. 研究與發展可分成那兩大類？其內容又如何？

4. 產品研究發展的目的是什麼？

5. 生產導向時代、市場導向時代、及競爭導向時代此三者之式子分別是什麼？

6. 市場研究要搜集那些資料？

7. 二十一世紀台灣企業變革預測之走向為何？

8. 試述本產業與上下游產業之關係？

9. 開發新產品，那些事項應注意消費者可能接受的程度？

10. 產品壽命週期包括那些階段？並試畫出圖來表示之。

11. 已知如下表所示：從 2001 年至 2005 年的銷售額 Y（單位：億元）。
    試用最小平方法，求預測 2006 年的銷售額 Y_{2006} 值來。

年	Y
2001	12
2002	15
2003	13
2004	17
2005	20

12. 試解釋生產計畫？

13. 生產計畫之目的是什麼？

14. 試詳述生產計畫所包括之內容？

15. 試述生產計畫人員主要之任務？

16.生產計畫所需要之情報與資料有那些？

17.試略述說明生產管制所包括的內容？

18.派工有那些方式，其適合之工廠是何種型態？

19.工作跟催的目的是什麼？

20.按生產方式，跟催工作有何區別？

21.簡述一般工作延誤之原因？

22.生產管理可簡稱為什麼？生產管制又可簡稱為什麼？此二者最明顯的區別在那裡？

6
物料管理

第一節 物料管理之意義及範圍

一、物料的意義

從廣義的範圍來述說物料的話，它包含原料、材料、間接材料、配件、半製品、在製品、用品、報廢材料、包裝材料、商品等，換言之，無論政府機關、部隊、工商企業及工廠等之必需品，皆可言之。

但是狹義的物料乃指材料而言，亦指一般工廠為了維持工廠生產所必需的物品，而這些物品包含原料、零件及半製品等。以下皆僅以狹義的物料作敘述。

二、物料管理的意義及目的

物料管理（material management）之意義係指為計畫、協調與控制各部門之業務活動，以經濟合理的方法供應各方所需物料之管理方法，而經濟合理之方法係指於適當之時間（right time）、在適當之地

點（right place），以適當之價格（right price）及適當的品質（right quality）供應適當數量（right quatity）物料之謂，此為有效物料管理必須具備之五大要件。

物料管理的目的是為：用最少的金錢，發揮最大供應效力。

三、物料管理的業務範圍

物料管理的業務範圍可分為：

 事務性方面：包括物料計畫及物料的採購申請

1. 物料計畫

所謂物料計畫即為配合生產線製造工作之進行，而事先加以計畫物料之需用狀況。物料計畫做得不好，不是倉庫物料庫存太多積壓大量資金，就是生產線常發生斷料停工的現象。物料政策之決定，端賴適當的組織系統，及有效的搜集、整理、分析及研判各種資料，來預測將來發展之趨勢走向，而定出物料配合生產或庫存的政策。

2. 物料的採購申請

採購處理很好時，成效將很大，舉凡採購的時機、採購的對象、採購數量之釐定、採購價格之商談，進而採購規格及品質之要求等，皆包含在採購工作中。

👍 管理性方面

1.物料接收與檢查

物料或從國外進口物料上岸，接收方法及應辦之驗收手續等工作。至於物料規格及品質是否符合採購要求，如何檢查及檢查辦法如何，皆需有所規定。

2.倉庫管理

倉庫管理直接的說，主要就是對生產製造的服務。物料儲存未使用前之管理、存放方式、分類、保護措施、安全措施、數量管制、帳目管理等工作。

3.物料出入庫之管理

物料出入庫帳目必需記錄清楚，有因超額領取而退回者如何重新入帳，以免混亂。由於時間因素，氣候溫度因素造成物料品質降低成失效品，藉物料出入庫之管理來減低物料折損的機率。

4.物料儲存之盤點

定期盤點與用量之綜合對照是物料管理的重要工作之一，物料遺失、或呆存（不知有該物料）皆可藉盤點來發現。

5.物料搬運

倉庫內之搬運，如入倉時如何卸貨，出庫時如何起貨，皆應標準

化，以免作業方法不對，造成時間、金錢的損失。

6.物料之分類與編號

工廠中物料種類繁雜，若不明確加以分類與編號，則必無法有效管理，而致事倍功半，物料管理的首要工作是物料的分類與編號。分類係將物料依其特性與一定標準逐次區分，並做有系統之排列；而編號則是以簡短的文字、數字或符號，代表物料之名稱、類屬、規格及其他有關事項的一種管理工具。分類是編號的前提，編號是分類必經的過程。

7.物料之存量管制

保留在本章第四節時才詳述之。

工廠之經營種類若很多，則物料管理愈分歧，因此，若工廠之經營額愈高，則物料管理愈重要。一般產品之價格，其中以物料費之比例甚高，大部分皆高於加工費，因此，如何使物料作最有效及最經濟的運用，實為企業成功的重要因素之一。

綜合言之，物料管理若實施完美，則有下列優點：

1. 能管制請購及入庫品質、規格一致。

2. 能減少破損、遺失及劣化之損失。

3. 對於物料儲存方式之研究，可節省物料儲存面積。

4. 可防止過量儲存。

5. 可配合生產需要，以免影響效率。

6. 由於定期的盤點，對在庫品之控制隨時掌握情報。

第二節　物料的獲得與接收

物料由申請、採購、送貨、接貨、庫存等一系列過程中，在企業裡面也要有一套規範來執行，期能採購到成本合理、品質恰當，使用者歡喜的物料。

一、採購的意義

所謂採購就是買進原物料、零件、半製品、刀具、工具、機器及辦公用品等，以配合生產、設備修護及行政事務所需的系列工作。

二、採購的原則

物料採購係以金錢換取工廠生產上所需各項活動之物料，為了達到生產活動的目的，在採購時必需根據下列原則：

1. 適合實際用途

買入之物料，必需是使用單位所要求的規格及品質。

2. 適時適量供應

根據使用單位的需要，在任何情況下均應適時、適地、適質、適量供應，以免發生「停工待料」的情形發生。

3.合理的價格

物料價格影響物料成本及影響產品的成本,因此,在不影響物料品質及規格要求下,應力求物料價格低廉。

4.適質的物料

適當品質的物料,才能製造適當的產品。

5.儘量國內購買

為了促使國內相關工業之發展,應儘可能採用國貨,一方面還可節省外匯支出及減少維修時間。

三、採購計畫

採購業務,必須以生產計畫為基礎而設定物料計畫,決定需要何種原料、零件、消耗品?何時需要及其用量多少?以及應考慮到價格問題,以計畫出一套適時、適量、適質、適當價格的採購計畫。由此看來,採購計畫與物料計畫及生產計畫實則密不可分。

四、做好採購工作之要素

要好採購工作,包含四個要素:

品質

需符合使用單位所開出的規格、性能。

數量

與批量及寬放量有關，此由生管部門決定。

時間

依據採購計畫上之規定來採購。

價格

是採購部門應負的責任，經招標、議價或比價等過程之策劃及商談，俾獲得較低的價格。

五、採購程序

一般工廠採購的程序如下：

收到請購單

工廠內各部門皆可開出請購單，載明購品之名稱、數量及使用日

期。

審核請購單

由採購單位研討是否有代用品或能否在工業市場上於期限內買到,然後呈轉主管核准進行採購。

選擇供應商報價

簡單物品或常用物品可由採購單位自行詢價,然後決定向那家廠商購買。較大宗物品之採購,則需由廠商供應報價單,然後根據報價單上所載明的價格、交貨情況、數量、服務及保證情況,然後比較各廠商的條件後,決定由那家廠商供應。

發出訂單或契約書

由報價單中選取適當採購對象後,即進行訂購,訂單上應載明詳盡的條件要求,諸如物料種類、規格、數量、單價及廠牌等,以免日後有疑義或糾紛。

追蹤訂單

採購部門應隨時注意訂單的交貨狀況,以免逾期交貨,增加雙方的困擾。

👍 訂購品入庫，著手驗收及接收。

六、採購的方式

👍 依據價格獲得方法來區分

1. 招標採購

採購大宗物質時，一般以刊登廣告，使供應廠商投標競爭，從而獲得最低價格。

2. 詢價現購

係採購人員選取信用可靠之廠商，將採購條件講明，並詢問價格或寄出詢價單並促請對方報價，比較後則現價採購。

3. 比價採購

由合乎條件之供應商報價格，然後從這些價格中選擇最低者。

4. 議價採購

係指採購人員與廠商雙方經討價還價而設定價格之後，方進行採購。此種採購方式一般於獨家供應或緊急需用時使用。

5. 洽購

對小量之物料，由購料部門以現金購買。

6. 直接採購

對政府指定專賣物料,直接向指定機關採購。

7. 合作性採購

以工廠本身產品與物料供應廠商,設定價格,交換所需物料。

依據工廠需要與市場變化來區分計有

1. 隨時購買

現在需要什麼,當請購單送到後,即可著手購買,一般訂購生產之製品都以此種方式採購。

2. 定時採購

常備定量的材料,使用到某一階段後即行購入,一般工廠存貨生產採用此種方式購料,購料量依生產計畫而定。

3. 市況採購

這是依據市場之狀況採購,認為有利的時機即儘速購入,一般以原料佔大部分,市場跌價時,則為採購之大好時機。

4. 投機性採購

投機性採購是決定於決策者的意願,所以並不是屬於採購部門之業務,其情況為有利時即大量採購,縱使超過使用需要量亦在所不

惜，直到價錢回升後，再轉賣一部分獲取利潤。

5.長期契約採購

長期契約可以預先固定價格訂下採購合約，而規定提交日期，對於生產穩定之工業非常有利，因為成本之管制能事先確定，產品之售價亦能以較平穩的價格與客戶洽商，不怕受材料漲幅之影響。

6.計畫性採購

企業之採購配合生產計畫、企業發展計畫、銷售計畫，而也訂有計畫性的採購，等於公司全盤發展策略的一環。

七、採購規格

採購之訂購單必須將擬採購材料之品質要求、檢驗方法及各種條件作具體的規定，此規定即採購規格。據此採購規格，採購人員用於洽商價錢；交貨廠商用於如期交貨；品管人員用於驗收。此規格一般由設計部門訂定，採購、品管、製造等單位協助擬定。

有些工廠為了避免錯誤及誤解，將所有的供應商之要求項目，列於採購規格書上，使買賣雙方一目了然，採購規格書之內容包括：

㈠品名。

㈡使用目的及用途。

㈢數量及交貨期。

㈣品質特性。

㈤製造方法或加工方法。

㈥試驗與檢驗方法。

(七)合格制定基準。

八、驗收

所謂驗收即指自貨品到達工廠的接收，以至卸貨，按照訂購單規格與品質要求之對照，檢查合格與否，良品辦好入庫手續，不良品辦好退貨手續之一系列工作。

驗收的主要工作

(一)貨物與訂購單是否一致。

(二)收貨的記錄。

(三)貨物之檢查與抽查。

(四)告知倉庫及請購者到貨之物料。

(五)不良品退貨。

驗收物料之進度

物料進庫時，如未能即時或在規定期間內驗收時，日久可能影響品質或造成帳目核對困難，因此，驗收進度應予控制，且須注意下列數點：

1. 大量採購時，應分批交貨，以免過於集中，無法立即處理。

2. 最佳乃先排定各項物料之驗收日程。

3. 根據過去經驗，對於需用化學分析、物理測試之物料，規定其標準驗收日數，以做為日後參考及遵行。

4.訓練驗收人員之技能及予以編製。

5.物料驗收順序事先排定，易腐蝕之物優先驗收。

物料驗收程序

物料由請購至入庫大略可分為下列步驟：

```
請購 → 採購 → 收貨 → 驗收 → 入庫登帳 → 付帳
```

驗收物料的一般程序如下述：

1. 交貨廠商送物料及送貨單，管理員清點數量無誤後，簽發送貨單給送貨單位。

2. 收貨員填寫驗收單，請驗收單位派員驗收。

3. 開箱拆包，詳細核對，名稱規範是否相符，所交貨品是否混淆，及有無破損之檢查。

4. 如需取樣時，依規定取樣本。

5. 用化學分析檢驗或物理測試檢驗，或用度量衡工具去檢驗。

6. 根據檢驗結果，決定允收或退回。

7. 如檢驗合格，即開具檢驗合格報告單，由倉庫入帳，由會計單位付款。

上列程序結束，也就是該項或該批發貨品驗收工作完成。

第三節　物料之倉儲與保管

　　企業的物料倉儲涵蓋原物料、工具、半製品及成品之暫時儲存與保管，其效率也影響企業整體經營效率。

一、倉庫的意義

　　凡用於儲存物料之場所，稱為倉庫。如以工廠之儲存、銷售及生產關係，倉庫之意義包括下列三項：

👍 倉庫為有效管理物料之場所

　　倉庫雖然是置放物料的地方，但內部的管理也需講求，以至於在工廠的生產活動中，發揮有效的物料管理功能。

👍 倉庫為連結產銷之中繼站

　　近代的產銷活動，繼續加強深廣度，並因為激烈競爭關係，不得不講求更高效率與更大的經濟利益，故在產銷活動中，倉庫亦參與一個重要的地位。比如公司各地有分公司，則分公司必備有倉庫，但倉庫非但不能增加成本負擔，尚須增收經濟利益。

👍 倉庫為生產場所

一些產品為組合裝配用之半製品或小組之零件，在倉庫內應分門別類儲存清楚，比方說，車床之尾座、夾頭、刀座、變速箱都可以分別儲存於倉庫，然後由裝配單位領出最後之組合工作，因此，倉庫已不純是物料之置放場所，它可積極的在生產活動中配合各項功能。

二、倉儲的功能

倉儲的功能計有下列數項：

1. 原料、消耗品、配件、半成品及成品的保管及進出物料的管理。
2. 供應生產所需的原料及器材。
3. 倉庫物料之帳卡登記。
4. 物料得以分類及保養。
5. 盤點方便。

三、倉儲設備應考慮之選擇

選擇倉儲設備，應以減低倉儲成本為最基本考慮；但是，自動化亦是近代企業考慮的重點；也要考慮物料之儲存安全；不致於變質；存貨地點適中與易於識別；向空中發展，以及與搬運設備配合等。

除了庫房結構外，倉儲最基本的設備就是放置物料的料架。

四、物料之分類與編號

意義

物料之分類與編號，係就留供儲存物料之位置，作有系統之分類與編號，以利收發保管。

物料分類與編號後的功能

物料之分類與編號是一項重要的物料管理工作，做好分類與編號，倉庫管理人員可以憑既定制度及資料作收發與保管工作，提高工作效率，也不致於有料而無法發出之現象。

五、架櫥上之編號

架櫥上之編號有兩項原則：

1. 所有編號，應自地板面起向上編。
2. 自主要走道起，一側為單號，一側為雙號，分別依序編號。

六、自動倉儲

自動倉儲之發展已有30多年的歷史，遠在1965年，歐洲國家為了有效的利用倉儲空間及節省搬運人力開始興建及使用立體倉儲，當時已知使用堆高車，而後近20年來科技不斷的發展，尤其電子工業

與資訊工業突飛猛進，於是立體倉儲也大量使用電子控制技術及電腦資訊管理技巧，使立體倉儲進步到自動倉儲之新紀元。

時至今日，「自動倉儲」系統是工廠自動化中極為重要之一環，在人力難求、土地成本日高的今天，它對節省人力及空間的效益，是顯而易見的。隨著企業電腦化、自動化的要求趨勢，故自動倉儲將更加受到重視。自動倉儲所扮演的角色已不是單純的倉庫，而係現代化物流的調節中心，具有前瞻性的企業皆已逐漸導入自動化倉儲系統，來提高管理效率及降低營運成本。在台灣目前一般企業界對自動倉儲已有深刻的認識，且接受程度也明顯提高，並已有很多中型廠皆斥資興建自動倉儲而且行業別也逐漸擴散可見一斑。

👍 自動倉儲的功能

以機械零件加工為例，根據外國統計的資料，在機械加工廠中從原料入廠至零件加工完成，約有 95%以上的時間花費在搬運與等待上，除此以外須耗費許多非直接員工之生管人員來追蹤物料之流動。自動倉儲系統的建立，除了能節省人力及有效的的利用空間外，對於取放物料頗為便利，最重要功能是在配合無人駕駛搬運車及週邊設備後，將使管理人員對物料之流動能做到精確有效的控制，減少搬運及等待時間，降低間接人工成本。如果再與生產線上之機器連線，更可大幅提高生產能力，縮短原料入廠至零件完成的時間，使產品能配合市場之需求而具有深度之彈性。自動倉儲不僅適用於機械工業，對於食品、化工、紡織、電子、百貨等工業均有肯定之效益。

因此，自動倉儲的功能是：除了能有效控制安全存量、降低儲存成本、節省儲存空間、降低搬運人工、精確控制搬運時間等功能外、

促進無人化工廠及彈性生產系統之實現，將扮演重要的角色。

👍 自動倉儲的主要設備

自動倉儲由八大部分組合而成，如圖 6-1。

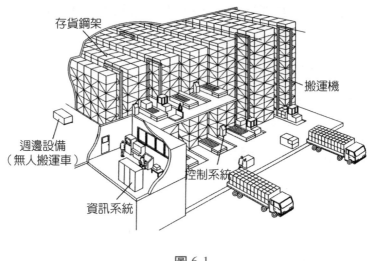

圖 6-1

1. 存貨鋼架（storage rack）。

2. 防火偵測及消防系統（fire protection system）。

3. 堆高式搬運機（stack）。

4. 出入庫台架（pickup & delivery station，簡稱 P&D station）

5. 物品承放品（storage modules）

6. 週邊設備（conveyors and other transportation equipment）。

7. 控制系統。

8. 資訊系統

👍 公司如何建立自動倉儲

1.時機

自動倉儲是企業自動化的必然設備，如果一個公司發覺物料堆放零亂，無法掌握數量，倉庫面積所佔比例甚高，搬運必須耗費甚多人力，並且想把公司改建為彈性製造工廠或無人化工廠時，自動倉儲是無可避免的設施。

2.建立自動倉儲的先前準備工作

公司要建立自動倉儲要準備的工作固然很多，但是最重要的是鋼架格子及容器的標準化。惟有標準化才能降低自動倉庫建造成本以提高倉庫運轉效能。

3.規劃

公司在存放容器標準化後，下一步即是如何分析及規劃自動倉庫，規劃時可按下列資料來分析：

(1)自動倉庫可利用空間。

(2)倉庫的進出貨頻率。

(3)統計倉庫人力需求狀況。

(4)自動倉庫的管理目標：如先進先出、降低庫存、避免物料損壞及遭竊、維持安全存量、掌握資訊、生產線上即時供應等目標，何者優先，何者次之，去規劃設計其功能。

(5)存放物品之特性。

(6)訂出自動化的進度表。

4. 依據上列資料,再選擇適當的自動倉庫系統。

5. 請專家設計自動倉庫規格及功能。

6. 請施工廠商規劃及估價。

7. 經濟效益評估。

8. 開始付諸行動建造一座理想的自動倉庫。

第四節　物料之存量管制

物料管理由前面章節所述,對於企業實屬重要,特別是中小企業,裝配業是一大特色,很多公司為求生產順利,背負很大的庫存水準,但是「停工待料」仍是時常可見,為了不出現停工待料,及背負龐大的庫存資金,物料之存量管制(inventory control)就顯得相當重要了。

一、存量管制的意義

存量管制是工廠為生產之需要及配合生產進度,需對其物料、工具、在製品及零件等做某一數量的儲存,隨時維持這一標準數量儲存的活動,稱為存量的管制。

二、存量管制的功用

👍 防止材料損失與浪費

材料往往因濫用、被竊、破壞而發生浪費現象，因此，如果材料購進後，能夠予以適當的控制，則可避免不必要的損失及浪費。

👍 避免停工待料之損失

材料如果控制不當，往往產生供應不足現象，以致工廠之機器及人員停工，非但生產計畫無法如期完成，且工廠已造成損失。

👍 有效控制庫存量

庫存量控制得宜，則對生產所需之各種物料皆能控制住適當的儲存量，不致因過度的庫存，而使資金凍結。

👍 減少呆料發生

由於儲存量控制得法，則每一批生產後，不會有過剩太多物料之現象，萬一下一批產品已更改設計，可減少呆料數量。

可使工作趨於正常，提高效率

物料供應順暢，現場幹部不虞「停工待料」之困擾，作業員之工作士氣高昂，效率可提高。

三、存量管制的器材範圍

舉凡與生產工作有關之器材，均應列入存量管制，通常任何工廠對下述器材應作存量管制：

1. 原料。
2. 配件。
3. 在製品中的半成品。
4. 包裝材料。
5. 一般補給品。

    如機器保養零件、潤滑油、清潔器材、辦公室用品及廠房保養用料。
6. 刀具、加工用之消耗品如黏劑、砂輪、手套等。

四、存量管制的基本名辭

在生產工廠裡，常根據以往的工作經驗，必須存儲若干常用器材。此項常用器材的管制法，通常以定出最高存量、最低存量、訂購點及請購量作為存量管制的依據。

👍 最高存量（maximun inventory）

工廠保持經濟有效的最大存儲器材量。

👍 最低存量（minimum inventory）

工廠為保持不影響生產工作時最小存儲器材量。

👍 訂購點（ordering point）

存量達到必須開始再請購的存貨數量，超過此時期時，即將影響安全存量（safety inventory）的不足，而可能發生缺料情形。

👍 請購量（ordering quantity）

每次訂購的數量。

五、存量管制的 ABC 分析法

一般管制將物料分為三類：

㈠A 類器材：為數量佔極少比例的器材，但其單位價值高，所以金額佔材料費的百分比甚高，此類器材為貴重器材。

㈡B 類器材：數量略多，且價值略低的器材，稱為次貴重器材。

㈢ C 類器材：數量佔很多，但價值很低，所以總金額不高的器

材，稱為普通器材。

根據美國奇異公司 Mr. H. F. Dickie 研究分析結果，將 ABC 三類器材之庫存量、金額價值及庫存量期限、採購量定出標準如表 6-4.1，由表所示，我們對 A 類器材（最貴重器材）須加以嚴格管制，保持最少存量；對 B 類器材稍加以管制，保持次少存量；對 C 類器材，管制不必很緊，保持最多存量。ABC 分析法其原則是一種分析器材作為選擇管制的方法。

類別	庫存數	佔全部庫存金額	庫存量期限	採購量
A	10%	75%	1～2 星期工廠使用量	1～2 星期工廠使用量
B	25%	20%	2～4 星期工廠使用量	4 星期工廠使用量
C	65%	5%	4 星期工廠使用量	3 個月～1 年工廠使用量

表 6-4.1　ABC 類器材存量管制法

六、傳統人工物料計畫與管制的缺點

物料管理單位，通常是倉庫部門，接到生管部門發下之製造命令後，即需按照排程開始備料，一般是採用工程部門或開發部之物料用量清單（bill of material，簡稱 BOM）展開備料，先扣掉每一物料之庫存量，不足部分開出請購單給採購部門買料，這樣的作業系統，有些瑕疵是人力無法圓滿達成的。其缺點是：

共用物料很難合併

由於倉庫管理是以產品為依據開出請購單，產品間之共同料須由人工去合併，如果生產型態是屬於少量多樣，零件很多，倉庫管理縱使有心去歸類，合併使用，然後合併採購，以降低採購成本，也是很繁瑣且難以做好的工作。

庫存計算困難

一般電子裝配廠的物料有數千種，大一點的有一、二萬種，庫存結帳就不是一件普通的事。因此有些公司由物料管理來維護倉庫帳，除了依循「料帳分家」之原則外，最重要的是要物料管理能充分掌握庫存。即使如此，面對數千、萬種材料，仍照常有失誤。

物料入庫時間難以控制

對於人工作業的物料入庫時間，有些物料可能隔天就可送達，有些物料可能要訂購數月才能抵達。交期短的物料很快就可入廠，增加庫存；交期長的物料，稍一不慎就造成停工待料。

採購單難以掌握

物料管理開出請購單後，採購能否如請購單之數量及品名開出採購單，無法掌握，採購單位有時採購不到該型式的商品、或數量不

足,或品質不合等問題,採購都會延緩,再說,訂購後,廠商能否如期交貨,在人工作業時代較難掌握。

👍 應變能力差

業務的銷售預測與實際客戶訂單一有出入,會影響廠內某些零件的採購計畫,有時客戶的訂單會臨時增加或減少,像這些突發狀況,會讓物料管理及採購單位忙的不可開交,所以說人工的精神負荷大,又要尋查因為突發狀況所帶來的物料採購變更等問題,往往不是人工所能勝任的,故應變能力較差。

七、物料計畫及存量管制電腦化

電腦已能為我們解決很多複雜的資料處理,在物料管理上,電腦也發展出一套物料需求計畫系統(materials requirements planning 系統,簡稱 MRP 系統),是以業務的銷售訂單(含銷售預測)、資料室的BOM 及工作行事曆展開成總需求,然後扣除當時之庫存狀況,生管之製造命令及採購之採購單會產生淨需求,這一套系統涵蓋七個單位:業務部、資料室(屬於工程部或開發部)、倉庫、生產管制、物料管理、採購及電腦中心。

如果物料需求計畫能以電腦化處理,MRP 系統的功效有:

👍 共用料能確實控制

MRP是將產品依其結構展開,然後以物料加總,所以無論產品有

多複雜，共用物料可完全掌握。

庫存正確性提高

庫存作業電腦化之後，為也要使料帳合一，必須儘快以電腦帳取代人工帳卡，而且必須不時以循環盤點（cycle count）來核對物料的實際庫存數量。只要庫存數量正確，無論採購、生管、物料管理及至工廠其他單位只要到終端機前就可知道任何物料目前的庫存狀況，可提高作業效率。

正確計算出物料需求時間

電腦能夠計算出產品每項物料之需要時間及前置時間，甚至可控制到於需要時才輸入物料，避免庫存積壓。

嚴密控制物料需求流程，避免停工待料

在人工作業下，必須等到檢查完料後，才知道會不會缺料，發現時才去處理，那時就可能現場已停工待料了。電腦控制可知道那些採購單已過期或將要過期，讓採購單位做缺料應變模擬，或製造命令應變來應付缺料，由於這些先期作業，要發生在真正生產線上停工待料之情形已不多見。

應變能力強

電腦協助物料管理做好物料需求計畫,如有變化,即時輸入,電腦馬上會處理調整,應變能力強。

節省作業人員

電腦系統可節省30%以上做計畫、計帳的人。

降低庫存水準

由於對電腦控制物料能力的信賴,會協助企業降低庫存水準,減少資金積壓。

物料作業系統化

電腦 MRP 軟體系統,是經過合理化、制度化及電腦化,不若人工,往往由於不同人員而出現不同的表格或處理流程與方式,實施電腦化,物料作業易於走向系統化。

在物料管理裡,存量管制電腦化指的是物料需求計畫系統,簡稱 MRP 系統,不過現在又已進步到製造資源計畫(manufacturing resource planning,簡稱 MRP Ⅱ)。MRP Ⅱ 的基本設計觀念是依照管理循環的邏輯推演,從高層的計畫及於中層管理計畫,選定最佳方案全體一致努力執行,同時配合績效衡量以保執行的正確方向,這就是計畫、執

行、與考核的循環。MRPⅡ與MRP不同的地方，在於MRPⅡ將公司高層管理行為與中層管理及執行管理結合成一體。簡單地說就是目標與經營策略向下傳達，配合各種之計畫方案，其執行與績效衡量向上回饋，以達成企業經營最有效的配合。有學者專家將製造資源計畫稱之為「企業整體經營」。

八、呆廢料之防止與處理

👍 呆廢料的範圍

凡庫存存量多而使用少、或根本閒置不用之物料，亦即庫存週轉率極低的物料，均可稱為呆料。廢料為因腐蝕而不能使用之物料、或無利用價值但仍能變賣之損壞物品，如鐵桶、紙板、紙箱，以及尺寸上無法再利用之物料。呆料及廢料均是工廠的負擔。

👍 呆料發生之原因

呆料發生的原因可分為下述三類：

1.品質不佳無法使用者。可分為下列五種：

(1)物料在入庫前未被驗收到的不良品。

(2)物料儲存之時間過久，純度降低，或品質變更，如變色、生銹、毀損等無法做為原用途者。

(3)因發生不可抗拒之天災，如浸水、過分乾燥而致品質變劣者。

(4)因管理不善而致發生災害者，如倉庫漏水，搬運破損，或與其他物品混合而無法分開使用者。

⑸生產上使用錯誤，形成無法再用者。

2. 由於變更設計以致於無法再用：

⑴製成品之設計，已經變更，如尚有庫存配件、材料，將來已無再用可能。

⑵因某種原因，訂單數量減少，即製成品單位用量較預定者少，或對用料總量計算錯誤，致此訂單完成後，尚有若干餘料，若此項訂單以後難再相同之生產時，其所餘物料，遂成呆料。

⑶生產計畫改變，使原來準備的物料用不著而發生閒置的現象，日積月累乃產生大量之呆料。

3. 存量過多，久用不完，形同呆料，此乃因訂購量浮濫之關係。

👍 廢料發生的原因

工廠基於下列生產上作業處理，會產生下列廢料：

1. 拆解下之機械件。

2. 施工剪裁後所剩餘之碎屑、零頭等，其經濟價值極低者。

3. 更新設備後之舊機械。

4. 拆解後之無用包裝材料。

5. 建廠殘餘之零件廢料。

6. 機械或零件銹蝕。

👍 呆料之處理

對已經發生之呆料，如何做有效處理，頗感困難，因為那是亡羊補牢的工作，下列兩種途徑乃是比較有效的方法：

*1.*存量過多將來尚可利用者

廢棄可惜，只好轉讓其他公司使用、出售、或設法使用。

*2.*品質變壞無法再用者

品質變壞無法再用者，已形同廢料，只好放棄，如出售、考慮破毀、焚燬、掩埋等。

👍 廢料之處理

廢料如能予以分類或分解，儘量再使用，則將重獲部分價值，台灣拆船業世界有名，因此就有所謂的「舊貨市場」，例如馬達、泵、管路等拆下後如沒有損壞，可作同型機械換裝用。鋼板可用乙炔割切加工使用。至於廢金屬，可重新鑄造使用。

👍 呆料之預防

預防重於治療，呆料之發生，純粹是增加公司的負擔，其預防方法如下：

1. 做好存量管制。

*2.*物料驗收應確實，不要有不良品混入。

*3.*物料力求標準化、適用性，不致規格因素造成呆料。

👍 廢料之預防

1. 做好防止銹蝕工作。

2.更新設備前，應做好舊機械之處理，不要任其棄置。

3.做好生產管制、物料管理、設備維護工作，不致因工作疏忽，發生廢料，增加公司損失，造成產品成本提高。

九、盤點（stocktaking，或稱 inventory）

意義及功用

盤點即將倉庫內現有之原物料存量實際清點，以確定庫存之數量，使實物與帳卡記錄相符；而其功用是提高倉儲作業效率，並提供管理方面正確而完整的資料。

盤點的方式

為了掌握公司物料之完整資料，故應實施盤點。盤點時，要使用記錄卡或表單以資識別，其通用型式有如：盤點單、盤點籤及料架籤。盤點之方式分下述三種：

1.永續盤點法（perpetual inventory method）

係指存料量卡或物料明細帳必須隨收隨結、隨發隨結，使帳卡結存量永遠連續保持與實物存量相等，以便可隨時查悉各項物料之正確存量及價值。實施盤點時，可不必關閉倉庫及停工生產，故能節省停工之損失。

2.定期盤點法（periodic stocktaking method）

一般每年至少盤點一至二次為原則，通常選定會計年度終了結帳前實施年終定期盤點，並利用停工時盤點。定期盤點法工廠都採取有計畫去實施，執行效果較確實又徹底，因為停工，也可同時配合實施全廠大保養。

3.經常盤點法（continuous stocktaking method）

係依照預定進度，在一年中連續性的盤存各項物料，每種物料每年最少要盤存一次，但對於若干貴重物料，則應經常加以盤點。這種點盤點方式，以不妨礙生產工作進行的情況為原則。

👍 盤點工作之實施步驟

要實施一次成功的盤點，可依循下列步驟：

1.盤點前的充分準備

盤點前應充分計畫及準備，如決定日期、人員編組、盤點方法及作業程序之講習與訓練。

2.清理倉庫及現場

倉庫及現場預先清理，將目測可實施的物料先予以分類整理，對待驗收或品檢之半製品及物料儘速處理、帳卡整理，如須以重量計算者先備妥量計，數量計算者也可準備計數器。

3.盤點之實施

對於計數方法，數量或重量、體積等事先決定單位，估計數之取捨方法也應訂定標準。

4.綜合、列表與調整

盤點完畢，核對記錄數量與原有帳卡。

5.追查差異原因

庫存數量如與帳面結存數量不符時應即追查差異原因。

6.盈虧物料之處理

7.編表與分析

將盤點之結果分析，可用作物料管理績效參考用。

8.依據盤點結果對全廠之存量獲一數據，可與生產計畫單位、採購單位、生產單位、業務單位檢討備料政策。

十、顏色管理法（colour management method）

顏色管理法簡稱 CMM，乃在台灣的健生工廠股份有限公司莊銘國先生所創，利用顏色來表達管理的制度與操作，使管理理念與構想，具體化地落實到複雜的組織活動中，是「目視管理」的一項傑作。經過健生公司的臨床實驗，證明 CMM 可應用在工廠管理的各項

活動上，如生產管理、品質管理、採購管理、財務管理、人員識別、模具管理、保養管理及物料管理等，特別是在電腦化之物料管理外，對物料實施顏色管理法，產生明顯之效果。

物料管理

　　該公司對於各項物料的檢驗、合格與不合格均以色紙來表示，而庫存時間的長短以色燈來分析表示。

　　合格物料以綠紙（5cm × 5cm）來表示，如尚須特殊處理，可用藍紙或黃紙來表示，使現場特別注意。不合格要退回者以紅紙表示，即在每種物料均在進倉庫前以色紙貼在紙箱上，以資識別。

　　物料進廠次序也以色紙及色燈表示，一月份用綠色，二月份用黃色，三月份用藍色……週而復始，使得貨品依燈號得先進先出，不會因庫存太久而過時或積壓。所以物料之顏色管理只在於區別，而不表示優劣，區別合格不合格，區別先進物料以提醒倉庫管理人員要先出，對管理者甚有幫助，紀律井然有序，效果良好，據該公司實施結果，其效果有：

　1. 由顏色了解合格物料，不致錯誤地使用不良物料。

　2. 不良物料有顏色區別，對供應廠商有獎勵與警惕之作用。

　3. 依顏色知道先用那種顏色物料，再用何種顏色物料，符合先進先出原則。

貨源管理

　　有些物料製成成品後，其性能是否優良，需由使用客戶反映或工

廠問卷調查作統計才可以知曉，但對不良成品如果其零件供應商多家時，往往無法知道是那家供應商供應的零件而無法追蹤改善，顏色管理可由多家供應廠商供應相同零件名稱，而以不同顏色或其它方式以顏色區別，則不良品發生時，檢視零件顏色，即知那家供應商的零件性能較差，可以追蹤改善。

油料管理

潤滑油因機器待潤滑部位不同而使用不同性質之潤滑油，但原廠供應上市之潤滑油或以英文名稱或以數字表示，常令現場作業員使用錯誤，因此，機器不同部位之潤滑及潤滑油各以不同顏色配對，現場員工依顏色配對，即很快就可以找到什麼部位應加什麼油，不會弄錯。

小零件之管理

螺栓、螺帽、或小銷等之小零件，如以顏色辨識，對經常使用之員工較易辨識，不必用比較法或測量，才能正確選用，以節省時間。

物料乃工廠主要要素之一，各方面的特性皆需配合，比如品質、數量、規格、入庫時間、儲存方法、保管方法、庫存量、使用記錄、剩餘料處理等，都足以影響工廠生產效率及產品之品質。因此，物料管理制度之建立，物料管理員素質訓練，物料管理工作之執行、考核、分析等工作不容忽視，經營者宜善用物料、善管物料，以免貽誤生產及降低原有之利潤。

十一、經濟訂購量與經濟批量

👍 決定經濟訂購量（economic ordering quantity，簡稱 EOQ）

經濟訂購量係指籌供總成本在最低情況下所訂購的數量，即指一次請購量最經濟的數量。在存量管制中，籌供總成本包括訂購成本（ordering cost），以及存儲成本（inventory carrying cost）。存儲成本隨訂購量之增加而增加；而訂購成本隨訂購量之增加而減少。經濟訂購量係指訂購成本與存儲成本總和為最小的訂購量。其觀念可以由圖6-2 來表示。

前述所謂請購量係指一次請購最經濟的數量，即經濟訂購量，其計算公式如下：

設 TC：全年籌供總成本

　　C_1：每單位存儲成本

　　Q：每次訂購量

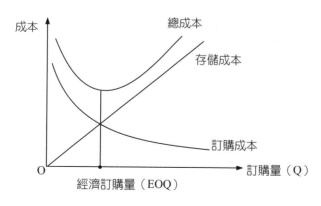

圖 6-2　經濟訂購量之表示

$\dfrac{Q}{2}$：每年平均存量

D：總需求量或全年使用量

C_2：每次訂購之訂購成本

$\dfrac{D}{Q}$：全年訂購次數

EOQ：經濟訂購量

$C_1\dfrac{Q}{2}$：全年存儲成本

$C_2\dfrac{D}{Q}$：全年訂購成本

則全年籌供總成本＝全年存儲成本＋全年訂購成本。亦即：

$$TC = C_1\frac{Q}{2} + C_2\frac{D}{Q}$$

經濟訂購量係指籌供總成本為最低時之訂購量。即要籌供總成本對訂購量 Q 之微分等於零。故：

$$\frac{dTC}{dQ} = 0$$

即，$\dfrac{dTC}{dQ} = \dfrac{d}{dQ}\left(C_1\dfrac{Q}{2} + C_2\dfrac{D}{Q}\right)$

$$= \frac{1}{2}C_1 + C_2\frac{-D}{Q^2} = \frac{1}{2}C_1 - C_2\frac{D}{Q^2} = 0$$

故，$Q^2 C_1 = 2C_2 D$

$$EOQ = \sqrt{\frac{2C_2 D}{C_1}} \cdots\cdots\cdots\cdots\cdots\cdots\cdots\cdots\cdots\cdots\cdots (1)$$

上式即為經濟訂購量之公式。

例題 6-1

　　設某工廠對甲物料年使用量為 3,000 個，一次訂購費用為 10,000元，每單位存儲成本為200元，試問經濟訂購量為多少？

　　因 $C_2 = 10,000$ 元，$D = 3,000$ 個，$C_1 = 200$ 元，由公式(1)得：

$$EOQ = \sqrt{\frac{2C_2D}{C_1}} = \sqrt{\frac{2 \times 10,000 \times 3,000}{200}} = 548 \text{（個）}$$

👍 決定經濟批量（economic lot size，簡稱 ELS）

　　所謂經濟批量，就是在最低總成本下之最大產量。總成本包括籌備成本（set-up cost）、存儲成本（inventory carrying cost）及物料訂購成本（material ordering cost）。製造批量的大小與籌備成本及存儲成本之高低有關，而與物料訂購成本無關。所謂之籌備成本（set-up cost）即係指生產某種產品時，所必須準備安排機器製造之費用。故，製造批量小時，準備製造的次數相對的多，即比例上多，因此籌備成本相對的高；製造批量大時，準備製造的次數相對的少，即比例上少，則籌備成本相對的低。製造批量小時，存量較少，則存儲成本低；製造批量大時，存量多，則存儲成本高。所謂經濟批量係指製造批量在某一水準之下，籌備成本與存儲成本之總和為最小。易言之，在經濟批量下，籌備成本與存儲成本之總和的總成本為最小。其觀念可由圖 6-3 來表示。

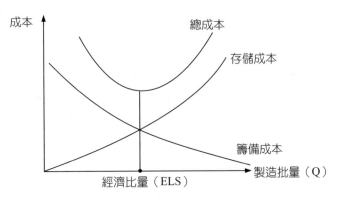

圖 6-3　經濟批量之表示

經濟批量（ELS）之公式是：

$$ELS = \sqrt{\frac{2C_2D}{C_1} \times \frac{p}{p-d}} \quad \cdots\cdots\cdots\cdots\cdots\cdots\cdots\cdots\cdots\cdots\cdots\cdots (2)$$

上式中：

　C_1：每單位存儲成本

　C_2：每次籌備成本

　D：產品全年使用量

ELS：經濟比量

　p：產品每日產量

　d：產品每日用量

例題 6-2

　　某工廠生產某項產品，其資料如下：p＝100件，d＝40件，D＝10,000件（40件×250工作天），C_2＝50元，C_1＝0.5 元，試求最低成本下之最大產量（即經濟批量）？

由公式⑵得：

$$ELS = \sqrt{\frac{2C_2D}{C_1} \times \frac{p}{p-d}} = \sqrt{\frac{2 \times 50 \times 10{,}000}{0.5} \times \frac{100}{100-40}}$$
$$= 1{,}826 \text{（件）}$$

習題

1. 試說明狹義的物料指的是什麼？

2. 物料管理的意義是如何？

3. 物料管理的目的是如何？

4. 試述物料管理的業務範圍包括那些？

5. 物料管理若實施得好，具有那些優點？

6. 試述物料採購的原則？

7. 要做好採購工作，包含那四個要素？

8. 簡述採購的程序？

9. 依採購物品價格購取方式區分，採購的種類分那幾種？

10. 採購規格有何功能？

11. 試述採購規格書的內容包括那些？

12. 何謂驗收？

13. 試述驗收的主要工作？

14. 簡述驗收物料之一般程序？

15. 何謂倉庫？又倉庫之意義包括那些？

16. 試述倉儲的功能？

17. 選擇倉儲設備的基本考慮有那些？

18. 物料之分類與編號後之功能如何？

19. 試述自動倉儲之功能？

20. 試說明自動倉儲有八大系統？

21. 企業建立自動倉儲的時機是什麼？

22. 建立自動倉儲最主要的先前準備工作是什麼？

23. 何謂存量管制？

24.做好存量管制的功用有那些？

25.何謂 ABC 類器材存量管制？

26.解釋最高存量、最低存量、訂購點及請購量。

27.試述傳統人工物料計畫及管制的缺點？

28.試述電腦化 MRP 系統之優點？不過現在又進步到什麼地步？

29.解釋廢料與呆料？

30.呆料發生的原因為何？

31.廢料之處理應如何做？

32.簡述呆料及廢料的預防？

33.試說明盤點的意義及功用？

34.簡述盤點工作之步驟？

35.試述顏色管理在物料管理上之效果？

36.潤滑可以用顏色管理協助嗎？

37.何謂經濟訂購量（EOQ）？它與什麼有關係？並試畫出圖來表示之。

38.何謂經濟批量（ELS）？它與什麼有關係？並試畫出圖來表示之。

7

品質管理

　　「品質管理」學（quality management，簡稱 QM），是一門很重要的學科，尤其是生產高科技的產品，更應該重視產品的品質，也就是說，科學越發達，越應該注重品質管理。品管以前指的是「品質管制」學（quality contril，簡稱 QC），現在的品管已進步到「品質管理」學。品質管制與品質管理是不相同的，即不同意義，但中文均可簡稱品管，其主要的不相同點是：是先有品質管制，然後才發展成品質管理；再說品質管理所包含的範圍較廣，也就是說，品質管理包括了品質管制。而品保指的是品質保證（quality assurance，簡稱 QA）。品質管理學可以寫成厚厚的一本書，在工廠管理學裡，它是工廠管理學裡七大管理業務之一，足見其重要性，再說追求品質是企業成功的關鍵，但限於篇幅，在這裡只是一章，故無法寫太多，只能寫重要的地方。

第一節　品質管理之認識

一、品質的定義

就戴明（W. E. Deming）之說法：品質是一種以最經濟的手段，製造出市場上最有用的產品。

二、最適的品質（right quality）

我們所求的，並不是一種不計成本唯美主義式的最佳品質（best quality），而是在現有技術條件和消費者能接受價格下的最適品質（right quality）。如圖 7-1 所示，價值與成本同為品質水準之遞增函數。在初期階段，價值的遞增率大於成本的遞增率；在後期階段裡，價值的遞增率小於成本的遞增率。當價值的遞增率等於成本遞增率時，即在 Q_0 點時之品質水準就達到最佳化。最佳化時的品質水準便是最適的品質。在最適的品質下，價值與成本之間的差額最大，因效益最大。

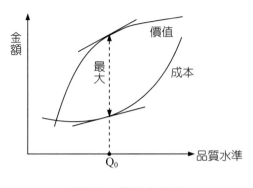

圖 7-1　最適之品質

三、品質管制的意義

　　品質管制的主要內容，就是檢驗製成品的品質是否符合既定的規格。

　　何謂品質管制？就美國朱蘭（J. M. Juran）博士的定義而言，所謂 QC，係指設定品質標準，為達到此標準所使用的一切方法。就日本石川馨教授對 QC 的定義而言，所謂 QC，係指將購買者所滿意的最經濟、最實用的製品，加以開發、設計、生產、銷售與服務而言。

四、品質保證的意義

　　何謂品質保證（quality assurance，簡稱 QA）呢？就朱蘭博士對 QA 的定義而言，所謂 QA，係指為了確保產品或服務能滿足特定需求所必要的計畫或系統性的行動而言。就日本石川馨博士對 QA 的定義而言，所謂 QA，係指組織機構保證消費者能夠放心購買其產品及售後服務能感到滿意，且產品能經久耐用而言。

五、品質管理的意義

何謂品質管理（quality management，簡稱 QM）？係指組織機構先決定品質政策（方針）、目標與責任，然後在其品質系統內，實施品質規劃、品質保證及品質改善等整體管理功能所有活動而言。

六、品質管理的演進

每一段就代表著一個過程。依時間之先後，分別詳述於後：

在十八世紀的工業革命之前，人民對生產的觀念是要製造好的產品，然後才能上街頭出售或交換。至十八世紀工業革命時，開始有了工廠，初期作業員仍須負責產品的好壞，此時期稱為「作業員的品質管制」。

到了十九世紀末，科學管理興起，工廠追求產量、分工專業及降低成本的措施，此時生產線上的作業為追求產量往往忽略產品品質，所以領班負起品質檢查的任務，此時期稱為「領班的品質管制」。

二十世紀後，製造業由於機械化的成熟，產品的種類愈形複雜，管理制度不斷的演進，領班的工作無法勝任產品的品質檢查，工廠內乃有品質管制部門的設立，聘用專業檢驗員來管制產品品質，此時期稱為「檢驗員的品質管制」。

統計品質管制（statistical quality control，簡稱 SQC），則是品質管制之中應用統計方法的那一部分。

QA 包含了 QC 的意念，但 QA 更進一步。QC 與 QA 之區別在那裡呢？答案是先有 QC 然後才發展成 QA；再說，QC 是指事情發生之

後才去控制品質，而 QA 則是在事前就確保品質達到所需的水準。

　　於公元 1961 年，費根堡（A. V. Feigenbum）完成了《全面品質管制》（total quality control；簡稱 TQC）一書，在該書中他對 TQC 所下的定義是為：全面品質管制是將一個組織內各部門的品質發展、品質維持及品質改進的各項努力結合起來，使生產、行銷及服務等均能在最經濟的水準上，使顧客完全滿意的一種有效制度。又，何謂全面品質保證（total quality assurance，簡稱 TQA）。TQA 的定義是為：TQA 是以顧客為導向，從企劃、執行、檢查到處置，包含了公司所有的部門成員，能不斷的追求品質改善，並朝零缺點的生產理念，對客戶保證的一種工作習慣。筆者認為 TQA 之範圍包含了 TQC，如在 TQA 裡，產品都有附帶保證使用若干年，故可以不再談 TQC 而只談 TQA 了。很多時候，人們把品質管理看作為那是品質管理部門或是生產部門的責任，但事實上，很多部門，包括設計部門、採購部、工程部、市場開發部、營業部、維修部、人事部、會計部等等，都對產品或服務有直接或間接的影響，例如採購部，如果採購回來的原料或配件品質若是欠佳，肯定會對產品的素質有很大有影響，又如人事部，假若聘請了素質不高或訓練不足的員工，亦會對品質有不良的效果。TQA 比 QA 更進一步，因前者強調保證品質並不是部分部門的責任，而是必須得到大部分或全部部門之通力合作才可奏效。

　　ISO 9000 系列最早是由國際標準組織（International Organization for Standardization，簡稱 ISO）於 1987 年 3 月所頒佈的，其目的在於制定國際通行的標準，故它是一種國際認可的品質管理制度。ISO 9000 系列與 CWQA〔註：CWQA 在下一段才提到〕比較，ISO 9000 系列未有突出基層員工參與的重要性；而 CWQA 是強調上下一心，發揮各級員工的積極性來達到盡善盡美。又，ISO 9000 系列與 TQM〔註：

TQM 在下二段才會提到〕的分別，則在於後者更重視顧客的反應與滿意程度、持久的不斷改進、以及全體員工的積極參與。

TQA 是品質管理中的一大突破，而全公司品質保證（company-wide quality assurance，簡稱CWQA）則是向前再邁出一大步。全公司品質保證不但包含了TQA，還加上新的意念，就是品質保證不單是所有部門皆有責任，各個部門內的各級員工也必須全心全意地積極參與。積極參與的方法有很多，其中一個最有效且已得到國際廣泛注意的，就是品管圈（quality control circle，簡稱QCC）小組。所謂QCC，是指由基層員工組成的小組，經過適當訓練之後，通過定期的會議及其他活動，由組員主動地提出、討論及解決與工作成效有關的各種問題。

何謂全面優質管理（total quality management，簡稱TQM）（TQM亦可譯成全面品質管理）呢？那就是係指組織機構所有員工，從最高階層到作業員，共同持續參與品質發展、品質維持及品質改善，並以組織機構全體力量提升品質績效。TQM 具有下列三項涵義：㈠ TQM是全面品質的管理，㈡TQM是全部過程的管理，㈢TQM是全員參與的管理。TQM 更正面地突顯出顧客導向的重要性，同時 TQM 也是品質管理演進的最後一站，並且永續經營。

所以綜合上述，依據品質管理發展的歷史過程，品質管理之演進是為：

作業員的品質管制→領班的品質管制→檢驗員的品質管制→統計的品質管制→品質保證→全面品質保證→ISO 9000 系列→全公司品質保證（CWQA）→全面優質管理（TQM）。

第二節　品質改善的工具與技術

　　善用各種品質改善的工具與技術是有效解決或改善品質管理問題的關鍵。實用上，常用的品質改善工具與技術有：一、腦力激盪、二、品質管理七大手法、三、品質管理新七大手法、四、PDCA 循環、五、品質改善程序（QI story）、六、品管圈活動、和七、5S 等。只有正確的了解各種工具與技術的使用目的、功能和方法才能發揮最大的改善效果。今分述於後：

一、腦力激盪

　　腦力激盪（brain storming）是一群人在短時間內利用頭腦激盪出很多想法（idea）的一種方法。是一種發掘所有可能的問題及找出所有可能影響問題及原因的有效方法。

二、品質管理七大手法

　　品質管理七大手法在品質活動中被用來收集資料、整理資料和解釋資料。一般而言，品管之資料可分為：計量值（variable data）及計數值（attribute data）兩種。計量值是指連續型資料，凡是可透過量測儀器衡量出來者，如人的身高可藉由量高機，軸之直徑可經由卡鉗（caliper）測量，及鋼板之厚度可用分厘卡（micrometer）測量至小數點第 3 位或無限多，因計量值是可測量的，故稱為計量值；至於計數

值則是屬於間斷型（discrete）資料，此類型之資料通常以通過或不通過規格，良品或不良品數，計數值永遠是整數，因它是可計數的，故稱為計數值。

品管七大手法是：

(1)檢核表（check sheet）

(2)柏拉圖（pareto diagram）

(3)特性要因圖（cause and effect diagram）

(4)管制圖（control chart）

(5)直方圖（histogram）

(6)散佈圖（scatter diagram）

(7)層別法（stratification）

今分別說明於下面：

檢核表

檢核表是以圖或表呈現出問題所在的一種簡單方法。檢核表並無固定的格式，使用者可依問題的特性自己設計表或圖，並以簡單的符號填註，用以了解問題的現況，做分析或檢核之用。檢核表可分為點檢用檢核表和記錄用檢核表。

柏拉圖（pareto diagram）

柏拉圖首先由義大利經濟學家 Vilfredo Pareto 所提出。Pareto 原則（Pareto rule）就是利用重要的少數項來控制不重要的多數項。針對少數重要原因做改善，可以使品質有顯著的改進。Pareto 原則在企業經

營管理上應用相當廣泛，例如重點管理與存量管制中的ABC分析等。

　　柏拉圖的橫軸代表問題的項目，縱軸表示為每一個項目發生的次數或成本，由大至小且由左而右排列。為了能更清楚，柏拉圖上的右縱軸可以是累積百分比，如圖 7-2，（圖 7-2 是根據表 7-2.1 所畫出來的）。

不良項目	不良個數	不良比率
皺紋	108	54%
針破孔	47	23.5%
碼數不足	21	10.5%
色差	8	4%
寬度不足	8	4%
傷痕	6	3%
其他	2	1%
合計	200	100%

表 7-2.1　膠布之不良項目、不良個數與不良比率

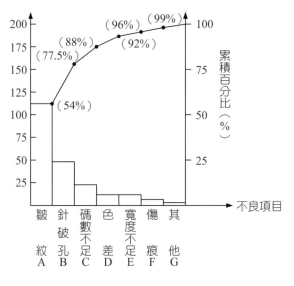

圖 7-2　產品膠布之柏拉圖

特性要因圖（cause and dffect diagram）

一個問題的特性受到一些要因的影響時，我們將這些要因加以整理，成為有相互關係且有條理的圖形，這個圖形稱為特性要因圖。特性要因圖是日本人石川馨博士所提出，故也稱石川馨圖，由於此圖像魚骨，故又稱為魚骨圖（fish-bone diagram），如圖 7-3 所示，圖中大要因指的是：操作員（man）、機械（machine）、原料（material）、工作方法（method）、測量方法（measurement）及環境（environment）等六類。

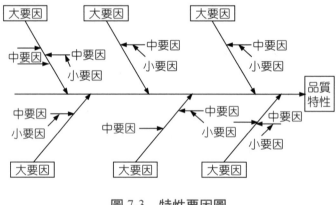

圖 7-3　特性要因圖

管制圖（control chart）

管制圖將於下述第三、四及五節中介紹。

👍 直方圖（histogram）

次數分配表（frequency distriontion）是將一組數據分成幾組，再統計每次發生的次數，做成一個表。根據此表，可進一步做統計圖，例如直方圖如圖 7-4 和多邊形圖（polygon）如圖 7-5 等。

👍 散佈圖（scatter diagram）

所謂散佈圖，係指以二度空間來描繪 x、y 兩變數之間關係的圖形而言。例如在顯示兩品質特性的相關性時，如圖 7-6 所示，有正相關、負相關與無相關性等。

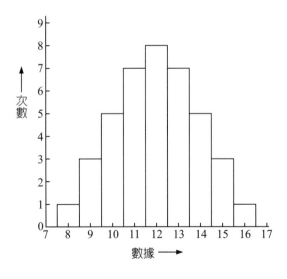

圖 7-4　直方圖

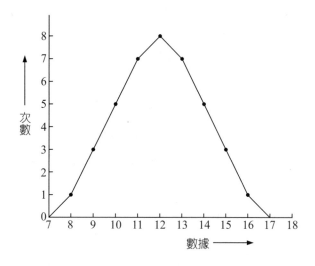

圖 7-5　多邊形圖

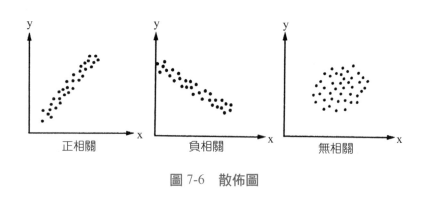

圖 7-6　散佈圖

👍 層別法（stratifications）

層別法就是針對人別、設備別、工作方法別、原物料別等所蒐集的數據，按照它們共同的特徵加以分類、統計的一種分析方法，找出差異加以改善。

三、品質管理新七大手法

在品質活動中，若蒐集的資料是文字則新七大手法是其整理和解釋的常用手法。

品管新七大手法包含：

㈠親和圖法（又稱 KJ 法）（affinity diagram）

㈡關聯圖法（relations diagram）

㈢系統圖法（systematic diagram）

㈣過程決策計畫圖法（process decision program chart，簡稱 PDPC 圖）

㈤矩陣圖法（matrix diagram）

㈥矩陣數據分析法（matrix data analysis）

㈦箭頭圖法（arrow diagram）

因限於篇幅，略去品管新七大手法之內容。

四、PDCA 循環

PDCA 循環是廣泛地被實務界應用的持續改善手法。該循環首先由美國舒華特（W. A. Shewhart）博士提出。戴明博士在日本大力推廣，後來日本人將該循環改稱戴明循環（Deming cycle）。

戴明循環包含四個階段：計畫（plan），實施（do），查核（check）和處置（act）。茲將戴明之品質管理循環列示於圖 7-7，如圖 7-7 所示，PDCA 循環之意義是：

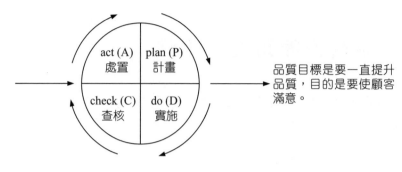

圖 7-7　戴明之品質管理循環

1. 計畫（plan, P）：計畫建立各項品質目標及管制標準，也就是品質計畫的意思。

2. 實施（do, D）：根據上述品質計畫，進行品質管理有關的活動，也就是實施品質管理的意思。

3. 查核（check, C）：查核品質計畫與品質管理實施結果之間有無差異存在，並尋找差異的程度及其原因所在。

4. 處置（act, A）：針對品質計畫與品質管理實施結果之間的差異，採取改善處置，以消除差異之原因所在。

　戴明之品質管理循環也可用來一直不斷地進行品質改善，如圖 7-8 所示，做到好上加好。

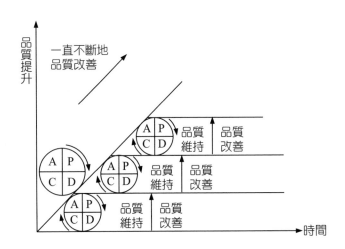

圖 7-8　透過戴明之品質管理循環，進行一直不斷地品質改善，以提升品質

五、品質改善程序

品質改善程序（quality improvement story，簡稱 QI story）是用於專案的改善方法。在問題改善的過程中常會同時用到腦力激盪、QM 七大手法、QM 新七大手法和 PDCA 循環，方法簡易且改善效果顯著，因此被企業界廣泛地使用著。

QI story 七步驟，如下：

㈠選擇主題：決定所要改善的問題為何。

㈡掌握現況：對現況收集資料並做分析，以找到影響問題的重要原因。

㈢現況分析：對重要原因再收集資料做分析以找出根本的原因。

㈣擬定改善策略：擬定策略以消彌發生的根本原因。

㈤確認策略的效果：對策略執行後的情況蒐集資料並做比較分析，以了解根本原因是否消除。若策略無效，則應回到步驟(4)

重新擬訂策略。

㈥作業程序的標準化：若步驟 5 是有效的，則將消除問題，並重
新製訂作業程序標準化，以做為日後作業執行的依據。

㈦計畫未來的改善行動：企業要有競爭力，品質的改善必須是持
續的，改善小組在改善某一品質問題後，應再就其他重要的品
質問題做改善。

六、品管圈活動

品管圈（quality control circle，簡稱QCC）又稱品管小組，源自日
本，由東京大學教授石川馨所創，其意義是：在工作場所的員工為了
能夠提供更好品質的產品或服務，由 5 至 10 位工作性質相近的人組
成一圈，自動自發的以各種品管手法推動工作場所中的種種產品品質
的改善。

七、5S

5S是由日本首先提出，是日本企業界提升品質的有效工具；也是
實施完全生產運動（TPM）的最基本工作。已於第三章討論過，在這
裡不再重述。

第三節　統計製程管制與管制圖

一、概論

戴明博士將各類可能造成產品品質變異（variation）的原因歸類於共同原因（common causes）及特殊原因（special causes）兩種。現詳述於後：

👍 共同原因

凡屬自然發生之變異，無法歸責於某一特定對象者，均屬共同原因，舒華特博士稱此類問題為機遇原因（chance causes）。共同原因是難以避免的，它使產品品質發生的變異不易識別，在這種情況下，該製程則可視為在管制狀態下（in control）。

👍 特殊原因

凡屬特殊原因或局部性疏失所造成之差異，並可鑑定出其肇因者，均屬特殊原因，舒華特博士稱此類問題為非機遇原因或可歸屬原因（assignable causes）。特殊原因使產品品質極為顯著的變異，它是可矯正的，假若製程發生產品品質非機遇變異，則表示該品質變異應可鑑定及矯正，在這種情況下，該製程可視為不在管制狀態下（out of control）。

二、統計製程管制的意義

為了使製程中產品的品質變異均在管制狀態下，有必要將統計製程管制應用於製程上，用以管制製程中產品的品質變異。所謂統計製程管制（statistical process control，簡稱 SPC），係指利用統計抽樣所得的樣本數據，對製程狀態進行監控，並在製程中若產品品質變異處於非管制狀態時，應立即設法進一步採取調整製程的行動，以矯正製程中影響產品品質之非機遇變異，其最終目的在使製程處於管制狀態下。

SPC 可以有效應用於任何製程，其主要的工具是品管七大手法。

三、管制圖的基本概念

👍 管制圖的意義

所謂品質管制圖（quality control chart），簡稱管制圖（control chart），係指對製程中產品品質特性加以測量、紀錄並進行管制的科學化之圖形而言。品質管制圖是統計品質管制的重要工具之一，由美國 Bell 電話實驗室的舒華特博士所首創。

管制圖係由下列四項所構成的：1. 中心線（central line, CL），用實線劃出；2. 管制上限（upper control limit, UCL），用虛線或紅線劃出；3. 管制下限（lower control limit, LCL），用虛線或紅線劃出；4. 樣組點子（sampling group points），用實線連接。在管制圖上，橫座

標常用以表示製品之樣組序號、或時間別；縱座標則代表品質特性之衡量值；樣本之數據值點繪在圖上。由點子分佈情形，藉以判斷製程品質變異是否有非機遇之原因發生。

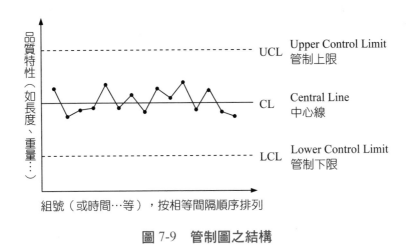

圖 7-9　管制圖之結構

　　如圖 7-9 所示，假若製程在管制狀態下，則所有的點子皆落於管制上限與管制下限之內且沒有特殊型態存在。假若點子落在管制上限或管制下限之外或有特殊型態存在，則該製程可視為不在管制狀態下。假若製程不在管制狀態下，則勢必要尋找製程品質變異之非機遇原因，並採取矯正行動，以便除去製程品質變異之非機遇原因。

常態分配與管制圖

　　常態分配（normal distribution）是品質中最重要亦是使用最普遍的連續型機率分配，常態分配為一單峰左右對稱型之機率分配，其外觀像鐘形之連續曲線，因此它又稱為鐘形曲線。常態分配數據之分佈情形可由圖 7-10 可看出，68.26%之資料會落在平均數加減一倍標準差

之間（即μ±σ），95.45%之資料會落在平均數加減二倍標準差之間（即μ±2σ），99.73%之資料會落在平均數加減三倍標準差之間（即μ±3σ）。

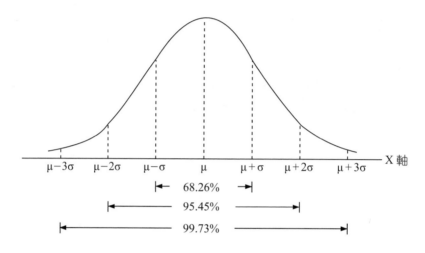

圖 7-10　常態分配之信賴區間

　　由於工業界許多現象符合常態分配，如果製程正常，則產品品質特性曲線超出 μ+3σ 的機率很少，只有 0.27%（1－99.73%），根據此一原理，舒華特博士將常態曲線圖旋轉 90°，如圖 7-11 所示，在中心線值加上三個標準差（μ+3σ）即為管制上限；中心線值減去三個標準差（μ－3σ）即為管制下限。就常態分配而言，樣組點子落在μ±3σ之外的機率為 0.27%；樣組點子落在μ－3σ與μ+3σ之間之機率為99.73%。樣組點子在大於μ+3σ或小於μ－3σ的機率各為 0.135%（0.27%/2）。

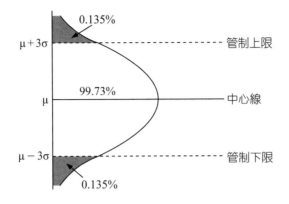

圖 7-11　常態分配與管制圖

管制圖的分類或種類

　　管制圖的種類，依其品質特性可分為計量值管制圖（variable control chart）與計數值管制圖（attribute control chart）二大類。所謂計量值管制圖，即針對品質特性為連續性質的數據，所繪制的管制圖即為計量值管制圖；它適用於管制如重量、長度、時間、溫度、強度、硬度、成分等特性。所謂計數值管制圖，即針對品質特性為間斷性質的數據，所繪製的管制圖即為計數值管制圖；它適用於管制如不良率、不良數、缺點數等特性。

　　較常用的計量值管制圖有下列五種：1. 平均數－全距管制圖（$\overline{X}$-R control chart）；2. 平均數－標準差管制圖（$\overline{X}$-S control chart）；3. 中位數－全距管制圖（$\widetilde{X}$-R control chart）；4. 個別值－移動全距管制圖（X-R$_m$ control chart）；5. 最大值－最小值管制圖（L-S control chart）。較常用的計數值管制圖有下列四種：1. 不良率管制圖（p control chart）；2. 不良數管制圖（np control chart）；3. 缺點數管制圖（c control chart）；4.單位缺點數管制圖（u control chart）。

四、管制圖的判讀

👍 正常管制圖的判讀

如圖 7-12 所示，正常管制圖有下列兩種情況：

1. 管制圖上的點子應集中在中心線附近，且向管制界限兩側隨機散佈，同時點子出現在管制界限附近的情況很少。

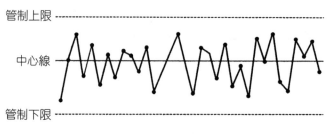

圖 7-12　正常管制圖

2. 通常 25 個點子中有零個點子、35 個點子中有 1 個或 1 個以下的點子、100 個點子中 2 個或 2 個以下的點子逸出管制界限。此時造成點子超出管制界限的原因應加以追查。

👍 不正常管制圖的判識

1. 如圖 7-13 所示，25 個點子中只要有 1 個或 1 個以上（35 個點子有 2 個或 2 個以上；100 個點子有 3 個或 3 個以上）的點子逸出管制界限者，就屬於不正常的管制圖，而此種現象就稱為畸形

（freak）。

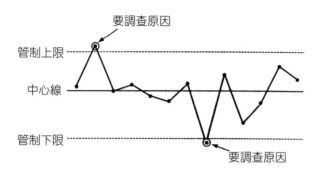

圖 7-13　不正常管制圖之一

2. 連續 7 個或 7 個以上的點子在管制上限與中心線之間出現，或在中心線與管制下限之間出現，如圖 7-14 所示。

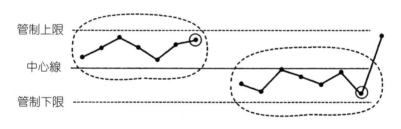

圖 7-14　不正常管制圖之二

3. 點在中心線任何一側出現較多時，必有原因應調查，如圖 7-15 所示。

(a)連續 11 點中至少有 10 點。

(b)連續 14 點中至少有 12 點。

(c)連續 17 點中至少有 14 點。

(d)連續 20 點中至少有 16 點。

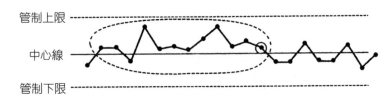

圖 7-15　不正常管制圖之三

4. 連續 7 個點子或以上呈逐漸下降或上升，如圖 7-16 所示。

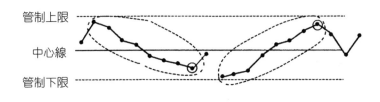

圖 7-16　不正常管制圖之四

5. 點子之分佈出現循環變動的現象，如圖 7-17 所示。

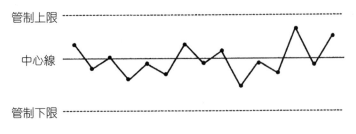

圖 7-17　不正常管制圖之五

6. 所有的點子集中於中心線附近 ±1.5 個標準差以內，應調查原因，
如圖 7-18 所示。

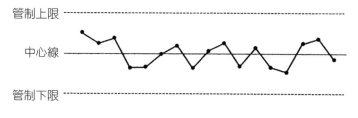

圖 7-18　不正常管制圖之六

7.如圖 7-19 所示，A、B、C 區域的垂直距離為 1σ。若有下列諸情
況者，管制圖可視為不正常：

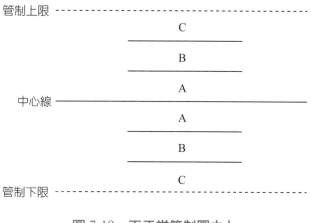

圖 7-19　不正常管制圖之七

① 25 個點子中有一個點子逸出管制上限或下限者（畸形）。

②連續三個點子中有兩個點子在同一側的C區或C區更高（低）
處者（畸形型態 1）。

③連續五個點子中有四個點子在同一側的B區或B區更高（低）
處者（畸形型態 2）。

④連續七個點子在同一側的 A 區或 A 區更高（低）處者。

8.點子時常接近管制界限者，可視為不正常的管制圖。有下列情況
之一者，其管制圖可視為不正常：

①連續 3 個點子中，至少有 2 個點子接近管制界限。

②連續 7 個點子中，至少有 3 個點子接近管制界限。

③連續 10 個點子中，至少有 4 個點子接近管制界限。

第四節　計量值管制圖

在計量管制圖中，使用最普遍的就是平均數－全距管制圖，也就
是 $\overline{X}$-R 管制圖，它除了分析產品品質特性平均數的變化（即集中趨
勢，如在 $\overline{X}$ 管制圖）外，還要分析產品品質特性變異的程度（即離中
趨勢，如在 R 管制圖），如此才能對製程中的產品品質特性實際情形
有所了解。故在此節計量值管制圖裡，僅以 $\overline{X}$-R 管制圖為例，來說
明之：

$\overline{X}$ 管制圖之管制界限為 $\overline{X}$ 之平均值加減三個 $\overline{X}$ 標準差（$\overline{X}$ 的標
準差即是 σ_X），R 管制圖之管制界由平均值加減三個 R 標準差（R 的
標準差即是 σ_R）。

一、當製程平均數μ及標準差σ爲已知時
　　（即表示工廠已開工過）

(1) $\overline{X}$ 管制圖

$$CL_{\overline{X}} = \mu_{\overline{X}} = \mu \quad \cdots\cdots\cdots\cdots\cdots\cdots\cdots\cdots\cdots\cdots ①$$

$$UCL_{\overline{X}} = \mu_{\overline{X}} + 3\sigma_{\overline{X}} = \mu + 3\frac{\sigma}{\sqrt{n}} = \mu + A\sigma \ （A = \frac{3}{\sqrt{n}}） \quad \cdots\cdots\cdots ②$$

$$LCL_{\overline{X}} = \mu_{\overline{X}} - 3\sigma_{\overline{X}} = \mu - 3\frac{\sigma}{\sqrt{n}} = \mu - A\sigma \ （A = \frac{3}{\sqrt{n}}） \quad \cdots\cdots\cdots ③$$

(2) R 管制圖

$$CL_R = \mu_R = d_2\sigma \quad \cdots\cdots\cdots\cdots\cdots\cdots\cdots\cdots\cdots\cdots\cdots ④$$

$$UCL_R = \mu_R + 3\sigma_R = d_2\sigma + 3(d_3\sigma) = (d_2 + 3d_3)\sigma$$

$$= D_2\sigma \ （D_2 = d_2 + 3d_3） \quad \cdots\cdots\cdots\cdots\cdots\cdots ⑤$$

$$LCL_R = \mu_R - 3\sigma_R = d_2\sigma - 3(d_3\sigma) = (d_2 - 3d_3)\sigma$$

$$= D_1\sigma \ （D_1 = d_2 - 3d_3） \quad \cdots\cdots\cdots\cdots\cdots\cdots ⑥$$

公式②、③、④、⑤、⑥中 A、d_2、D_2、D_1 之數值隨樣本大小而異，可由表 7-4.1 中求得。

在 UCL、CL、LCL 右下角註明 $\overline{X}$、R、$\widetilde{X}$、S、X、R_m、或 L，用以區別管制圖之類別。

當 D_1 之值為負值時，則以零視之。

樣本大小 n	平均數管制圖 管制界限			中線	標準差管制圖 管制界限				全距管制圖 中線		管制界限				中位數管制圖 管制界限			個別值管制圖 管制	最大值與最小管制
n	A	A_2	A_3	c_4	B_3	B_4	B_5	B_6	d_2	d_3	D_1	D_2	D_3	D_4	m_3A_2	m_3	m_3A	E_2	A_9
2	2.121	1.880	2.659	0.7979	0	3.267	0	2.606	1.128	0.8525	0	3.686	0	3.267	1.880	1.000	2.121	2.660	2.695
3	1.732	1.023	1.954	0.8862	0	2.568	0	2.276	1.693	0.8884	0	4.358	0	2.574	1.187	1.160	2.009	1.772	1.826
4	1.500	0.729	1.628	0.9213	0	2.266	0	2.088	2.059	0.8798	0	4.698	0	2.282	0.796	1.092	1.638	1.457	1.522
5	1.342	0.577	1.427	0.9400	0	2.089	0	1.964	2.326	0.8641	0	4.918	0	2.114	0.691	1.198	1.608	1.290	1.363
6	1.225	0.483	1.287	0.9515	0.030	1.970	0.029	1.874	2.534	0.8480	0	5.078	0	2.004	0.548	1.135	1.390	1.184	1.263
7	1.134	0.419	1.182	0.9594	0.118	1.882	0.113	1.806	2.704	0.8332	0.204	5.204	0.076	1.924	0.509	1.214	1.377	1.109	1.194
8	1.061	0.373	1.099	0.9650	0.185	1.815	0.179	1.751	2.847	0.8198	0.388	5.306	0.136	1.864	0.433	1.160	1.231	1.054	1.143
9	1.000	0.337	1.032	0.9693	0.239	1.761	0.232	1.707	2.970	0.8078	0.547	5.939	0.184	1.816	0.412	1.223	1.223	1.010	1.104
10	0.949	0.308	0.975	0.9727	0.284	1.716	0.276	1.669	3.078	0.7971	0.687	5.469	0.223	1.777	0.362	1.176	1.116	0.975	1.072
11	0.905	0.285	0.927	0.9754	0.321	1.679	0.313	1.637	3.173	0.7873	0.811	5.535	0.256	1.744				0.946	
12	0.866	0.266	0.886	0.9776	0.354	1.646	0.346	1.610	3.258	0.7785	0.922	5.594	0.283	1.717				0.921	
13	0.832	0.249	0.850	0.9794	0.382	1.618	0.374	1.585	3.336	0.7704	1.025	5.647	0.307	1.693				0.899	
14	0.802	0.235	0.817	0.9810	0.406	1.594	0.399	1.563	3.407	0.7630	1.118	5.696	0.328	1.672				0.881	
15	0.775	0.223	0.789	0.9823	0.428	1.572	0.421	1.544	3.472	0.7562	1.203	5.741	0.347	1.653				0.864	
16	0.750	0.212	0.763	0.9835	0.448	1.552	0.440	1.526	3.532	0.7499	1.282	5.782	0.363	1.637				0.849	

當 n ≥ 25

$A = \dfrac{3}{\sqrt{n}}$, $A_2 = \dfrac{3}{d_2\sqrt{n}}$, $A_3 = \dfrac{3}{c_4\sqrt{n}}$, $E_2 = \dfrac{3}{d_2}$

$B_5 = c_4 - 3\sqrt{1-c_4^2}$, $B_6 = c_4 + 3\sqrt{1-c_4^2}$

$D_3 = 1 - \dfrac{3d_3}{d_2}$, $D_4 = 1 + \dfrac{3d_3}{d_2}$

$B_3 = 1 - \dfrac{3}{c_4}\sqrt{1-c_4^2}$, $B_4 = 1 + \dfrac{3}{c_4}\sqrt{1-c_4^2}$

$c_4 = \dfrac{\Gamma(\frac{n}{2})}{\Gamma(\frac{n-1}{2})} \times \sqrt{\dfrac{2}{n-1}} \cong \sqrt{\dfrac{2}{n-1}} = \dfrac{4(n-1)}{4n-3}$

$D_1 = d_2 - 3d_3$, $D_2 = d_2 + 3d_3$

表 7-4.1　計算 3σ管制界限因子

二、當製程平均數μ及標準差σ未知時（即表示工廠剛要開工）

(1) $\overline{X}$ 管制圖

$$CL_{\overline{X}} = \mu_{\overline{X}} = \overline{\overline{X}} = \frac{\overline{X}_1 + \overline{X}_2 + \cdots + \overline{X}_K}{K} = \frac{\Sigma \overline{X}}{K} \quad \cdots\cdots\cdots\cdots\cdots\cdots ⑦$$

$$UCL_{\overline{X}} = \overline{\overline{X}} + 3\sigma_{\overline{X}} = \overline{\overline{X}} + 3\frac{\sigma}{\sqrt{n}} = \overline{\overline{X}} + 3\frac{\overline{R}/d_2}{\sqrt{n}} = \overline{\overline{X}} + \frac{3}{d_2\sqrt{n}}\overline{R}$$

$$= \overline{\overline{X}} + A_2\overline{R} \quad (A_2 = \frac{3}{d_2\sqrt{n}}) \quad \cdots\cdots\cdots\cdots\cdots ⑧$$

$$LCL_{\overline{X}} = \overline{\overline{X}} - 3\sigma_{\overline{X}} = \overline{\overline{X}} - 3\frac{\sigma}{\sqrt{n}} = \overline{\overline{X}} - 3\frac{\overline{R}/d_2}{\sqrt{n}} = \overline{\overline{X}} - \frac{3}{d_2\sqrt{n}}\overline{R}$$

$$= \overline{\overline{X}} - A_2\overline{R} \quad \cdots\cdots\cdots\cdots\cdots\cdots\cdots\cdots\cdots ⑨$$

(2) R 管制圖

$$CL_R = \mu_R = \overline{R} = \frac{R_1 + R_2 + \cdots + R_K}{K} = \frac{\Sigma R}{K} \quad \cdots\cdots\cdots\cdots ⑩$$

$$UCL_R = \mu_R + 3\sigma_R = \overline{R} + 3d_3\sigma = \overline{R} + 3d_3\frac{\overline{R}}{d_2}$$

$$= D_4\overline{R} \quad (D_4 = 1 + \frac{3d_3}{d_2}) \quad \cdots\cdots\cdots\cdots\cdots ⑪$$

$$LCL_R = \mu_R - 3\sigma_R = \overline{R} - 3d_3\sigma = \overline{R} - 3d_3\frac{\overline{R}}{d_2}$$

$$= D_3\overline{R} \quad (D_3 = 1 - \frac{3d_3}{d_2}) \quad \cdots\cdots\cdots\cdots\cdots ⑫$$

公式⑧、⑨、⑪、⑫中的 A_2、D_4、D_3 之數值隨樣本大小而異。可由表 7-4.1 得知。

當 D_3 之值為負值時，則以零視之。

例題 7-1

　　某公司剛要製造桌上書架所用之鋼板，每小時抽取四枚量測其厚度（單位是mm），10月1日、10月2日、10月3日、10月4日共蒐集25組資料（參閱表7-4.2）。請從這25組資料繪製平均數－全距管制圖，並判定製程是否在管制狀態下？

　　由題目知此題係製程平均數μ及標準差σ尚未知。故要利用公式⑦至公式⑫。

製品名稱		鋼板	測定單位	mm		製造部門	製一課	
抽樣方法		4個／小時	測定者	李四		抽樣日期	10月1~4日	
樣組	日期	測定值				平均數	全距	
		X_1	X_2	X_3	X_4	$\bar{X}$	R	備註
1	10月1日	1.75	1.79	1.75	1.89	1.795	0.14	
2	〃	1.75	1.82	1.76	1.84	1.7925	0.09	
3	〃	1.81	1.83	1.89	1.75	1.82	0.14	
4	〃	1.84	1.85	1.9	1.82	1.8525	0.08	
5	〃	1.83	1.82	1.82	1.75	1.805	0.08	
6	〃	1.85	1.83	1.79	1.75	1.805	0.1	
7	〃	1.81	1.81	1.76	1.86	1.81	0.1	
8	〃	1.79	1.77	1.73	1.7	1.7475	0.09	
9	10月2日	1.79	1.81	1.8	1.78	1.795	0.03	
10	〃	1.82	1.77	1.8	1.87	1.815	0.1	
11	〃	1.88	1.78	1.83	1.83	1.83	0.1	
12	〃	1.76	1.83	1.8	1.75	1.785	0.08	
13	〃	1.8	1.82	1.88	1.89	1.8475	0.09	
14	〃	1.77	1.77	1.74	1.82	1.775	0.08	
15	〃	1.81	1.82	1.82	1.87	1.83	0.06	
16	〃	1.77	1.73	1.8	1.84	1.785	0.11	
17	10月3日	1.86	1.84	1.77	1.8	1.8475	0.09	
18	〃	1.76	1.86	1.9	1.79	1.8275	0.14	
19	〃	1.73	1.8	1.74	1.87	1.785	0.14	
20	〃	1.83	1.81	1.84	1.77	1.98125	0.06	
21	〃	1.86	1.8	1.81	1.74	1.8025	0.12	

製品名稱		鋼板	測定單位		mm		製造部門	製一課	
抽樣方法		4個／小時	測定者		李四		抽樣日期	10月1～4日	
樣組	日期	測定值				平均數		全距	
		X_1	X_2	X_3	X_4	$\overline{X}$		R	備註
22	"	1.81	1.83	1.78	1.82	1.81		0.05	
23	"	1.81	1.81	1.84	1.84	1.825		0.03	
24	"	1.8	1.8	1.78	1.78	1.79		0.02	
25	10月4日	1.83	1.81	1.77	1.76	1.792		0.07	
合計						45.152		2.19	
平均						$\overline{\overline{X}} = 1.806$		$\overline{R} = 0.0876$	

表 7-4.2　某公司鋼板厚度資料

(1)先計算 $\overline{\overline{X}}$ 與 $\overline{R}$ 如下：

$$\overline{\overline{X}} = \frac{\Sigma \overline{X}_i}{K} = \frac{45.152}{25} = 1.806$$

$$\overline{R} = \frac{\Sigma R}{K} = \frac{2.19}{25} = 0.0876$$

(2)由於 n＝4，查表 7-4.1 得 $A_2 = 0.729$，$D_4 = 2.282$，$D_3 = 0$

計算 $\overline{X}$-R 管制圖中之中心線與管制界限如下：

①$\overline{X}$ 管制圖

$$UCL_{\overline{X}} = \overline{\overline{X}} + A_2 \overline{R} = 1.806 + (0.729)(0.0876) = 1.87$$
$$CL_{\overline{X}} = \overline{\overline{X}} = 1.806$$
$$LCL_{\overline{X}} = \overline{\overline{X}} - A_2 \overline{R} = 1.806 - (0.729)(0.0876) = 1.742$$

② R 管制圖

$$UCL_R = D_4 \overline{R} = (2.282)(0.0876) = 0.2$$
$$CL_R = \overline{R} = 0.088$$
$$LCL_R = D_3 \overline{R} = (0)(0.0876) = 0$$

(3)茲將 $\overline{X}$-R 管制圖繪製如圖 7-20。

(4)如圖 7-20 所示，本例題之 $\overline{X}$-R 管制圖顯示所有樣組點子皆在管制界限內，且呈現隨機佈置，故可判定製程是在管制狀態下。

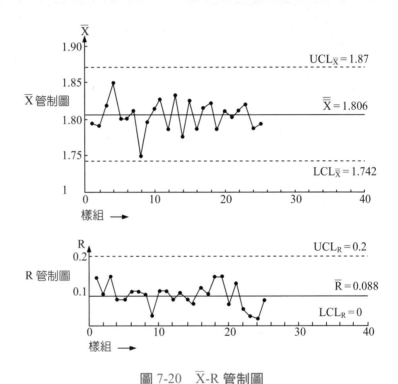

圖 7-20　$\overline{X}$-R 管制圖

例題 7-2

　　已知某公司製造書架上所用之鋼板呈常態分配，若已知其平均厚度為 $\mu = 1.81$mm，其標準差為 $\sigma = 0.045$mm。假若從製程抽取的樣本大小為 n = 4。試計算平均數管制圖及全距管制圖之管制界限。

此題係製程平均數μ及標準差σ為已知時，故利用公式①、②、③就可得 $\overline{X}$ 管制圖；利用公式④、⑤、⑥就可得 R 管制圖。如下：

當 n＝4 時，由表 7-4.1 得知：A＝1.5，d_2＝2.059，D_2＝4.698，D_1＝0。故

$$\overline{X}\text{ 管制圖}\begin{cases}UCL_{\overline{X}}=\mu+A\sigma=1.81+1.5(0.045)=1.878mm\\ CL_{\overline{X}}=\mu=1.81mm\\ LCL_{\overline{X}}=\mu-A\sigma=1.81-1.5(0.045)=1.743mm\end{cases}$$

$$R\text{ 管制圖}\begin{cases}UCL_R=D_2\sigma=4.698(0.045)=0.211mm\\ CL_R=d_2\sigma=2.059(0.045)=0.093mm\\ LCL_R=D_1\sigma=0(0.045)=0\end{cases}$$

至於 $\overline{X}$-S 管制圖、X-R_m 管制圖、$\widetilde{X}$-R_m 管制圖及 L-S 管制圖，則不再詳述，只將其管制界限公式彙總於表 7-4.3。至於表 7-4.3 中所稱標準（製程參數）所指的是製程（母體）之平均數μ與標準差σ。

管制圖	標準（製程參數）未知		標準（製程參數）已知	
	中心線	管制上下限	中心線	管制上下限
$\overline{X}$-R 管制圖	$\overline{\overline{X}}$	$\overline{\overline{X}} \pm A_2\overline{R}$	μ	$\mu \pm A\sigma$
	$\overline{R}$	$D_4\overline{R}$, $D_3\overline{R}$	$d_2\sigma$	$D_2\sigma, D_1\sigma$
$\overline{X}$-S 管制圖	$\overline{\overline{X}}$	$\overline{\overline{X}} \pm A_3\overline{S}$	μ	$\mu \pm A\sigma$
	$\overline{S}$	$B_4\overline{S}$, $B_3\overline{S}$	$c_4\sigma$	$B_6\sigma, B_5\sigma$
X-R_m 管制圖	$\overline{X}$	$\overline{X} \pm E_2\overline{R}_m$	μ	$\mu \pm 3\sigma$
	$\overline{R}_m$	$D_4\overline{R}_m$, $D_3\overline{R}_m$	$d_2\sigma$	$D_2\sigma, D_1\sigma$
$\widetilde{X}$-R 管制圖	$\overline{\widetilde{X}}$	$\overline{\widetilde{X}} \pm m_3A_2\overline{R}$	$\widetilde{X}$	$\widetilde{X} \pm m_3A\sigma$
	$\overline{R}$	$D_4\overline{R}$, $D_3\overline{R}$	$d_2\sigma$	$D_2\sigma, D_1\sigma$
L-S 管制圖	$\overline{L}$ $\overline{S}$	$\overline{L}+A_9\overline{R}$, $\overline{S}-A_9\overline{R}$（$\overline{R}=\overline{L}-\overline{S}$）		

表 7-4.3　計量值管制圖管制界限計算公式彙總表

第五節　計數值管制圖

計數值管制圖主要的有四種：一、不良率管制圖（p chart）；二、不良數管制圖（np chart）；三、缺點數管制圖（c chart）；四、單位缺點數管制圖（u chart）。其公式如表 7-5.1 所示。

管制圖	狀況	製程參數（不良率或缺點數）已知（已開工）	製程參數（不良率或缺點數）未知（未開工）
不良率管制圖（p chart）	管制上下限	$p \pm 3\sqrt{\dfrac{p(1-p)}{n_i}}$	$\bar{p} \pm 3\sqrt{\dfrac{\bar{p}(1-\bar{p})}{n_i}}$
	中心線	p	$\bar{p}$
不良數管制圖（np chart）	管制上下限	$np \pm 3\sqrt{np(1-p)}$	$\overline{np} \pm \sqrt{\overline{np}(1-\bar{p})}$
	中心線	np	$\overline{np}$
缺點數管制圖（c chart）	管制上下限	$\lambda \pm 3\sqrt{\lambda}$	$\bar{c} \pm 3\sqrt{\bar{c}}$
	中心線	λ	$\bar{c}$
單位缺點數管制圖（u chart）	管制上下限	$\mu \pm 3\sqrt{\dfrac{\mu}{n_i}}$	$\bar{\mu} \pm 3\sqrt{\dfrac{\bar{\mu}}{n_i}}$
	中心線	μ	$\bar{\mu}$

表 7-5.1　四種計數值管制圖之中心線及管制界限之計算公式

在上述四種當中，常用者有二種，即通常在管制不良率時則採用 p chart；在樣本大小 n 固定下，管制缺點數時則採用 c chart。今且以此兩者為例，分別用例題來說明之，如下：

樣組	樣本大小	不良數	不良率（%）
1	50	4	8
2	50	3	6
3	50	2	4
4	50	6	12
5	50	3	6
6	50	1	2
7	50	3	6
8	50	2	4
9	50	9	18
10	50	5	10
11	50	3	6
12	50	2	4
13	50	5	10
14	50	2	4
15	50	2	4
16	50	1	2
17	50	3	6
18	50	2	4
19	50	1	2
20	50	3	6
合計	1,000	62	

表 7-5.2　某工廠生產指示燈抽樣之資料

例題 7-3

　　某工廠欲生產指示燈，試驗亮與不亮，檢驗員每小時自其生產線上抽取50個樣本來檢查，共抽出20組樣本，資料如表7-5.2所示。試繪製p管制圖。

初步估計不良率平均為

$$\overline{p} = \frac{62}{20 \times 50} = 6.2\% = CL_p$$

其管制上、下限為

$$UCL_p = \overline{p} + 3\sqrt{\frac{\overline{p}(100 - \overline{p})}{n}} = 6.2 + 3\sqrt{\frac{6.2(100 - 6.2)}{50}} = 16.4\%$$

$$LCL_p = \overline{p} - 3\sqrt{\frac{\overline{p}(100 - \overline{p})}{n}} = -4\% = 0\% \text{（因小於 0，故以 0 示之）}$$

將上述資料繪成 p chart，如下：

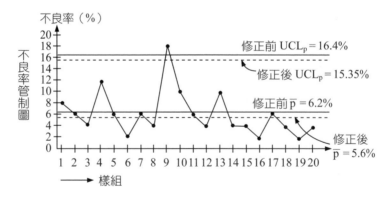

圖 7-21　p 管制圖

由圖中可看出第 9 樣組資料超出管制界限之外，將其資料剔除後，重新計算管制界限如下：

$$\overline{p} = \frac{62 - 9}{19 \times 50} = 5.6\% = CL_p$$

$$UCL_p = 5.6 + 3\sqrt{\frac{5.6(100 - 5.6)}{50}} = 5.6 + 3(3.25) = 15.35\%$$

$$LCL_p = 5.6 - 3(3.25) = -4.15\% = 0\%$$

修正後之管制界限以虛線表示，發現所有的點均在管制界限內且機遇變動。將修正後管制圖延長後即可繼續使用。

 7-4

某織布廠以每疋布上的缺點個數來區分布疋等級，表 7-5.3 是 25 個樣本中檢驗出來的缺點，請問製程是否在管制之中？

此題可以用 c 管制圖來管制，先計算管制界限：

$$\overline{c} = \frac{230}{25} = 9.2 = CL_c$$

$$UCL_c = \overline{c} + 3\sqrt{\overline{c}} = 9.2 + 3\sqrt{9.2} = 9.2 + 3(3.03) = 18.3$$

$$LCL_c = \overline{c} - 3\sqrt{\overline{c}} = 9.2 - 9.1 = 0.1$$

布疋樣組	缺點數	布疋樣組	缺點數
1	10	14	11
2	11	15	4
3	3	16	9
4	11	17	11
5	8	18	10
6	12	19	4
7	8	20	17

布疋樣組	缺點數	布疋樣組	缺點數
8	12	21	10
9	8	22	9
10	9	23	4
11	17	24	4
12	10	25	14
13	4	合計	230

表 7-5.3　某工廠布疋缺點之資料

　　由以上資料，可以繪製出如圖 7-22 之 c 管制圖。由於所有的點均在管制界限內，並且無異常之趨勢出現，故製程是在管制之中。

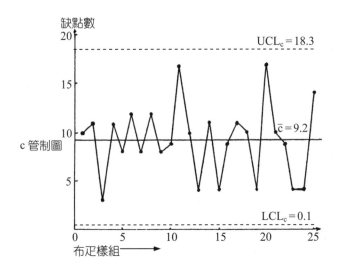

圖 7-22　c 管制圖

第六節　抽樣檢驗計畫

一、前言

檢驗（inspection）是管制品質的最基本手段與工作。檢驗不失為對公司產品把關且對客戶負責的措施。

對於原物料及成品之檢驗可分為：全數檢驗、抽樣檢驗及免檢驗等三種。又，一般檢驗可分為三階段：進料檢驗、製程檢驗及成品檢驗等。

👍 適合全數檢驗之場合如下

1. 批量很少，抽樣檢驗失去意義時。
2. 容易檢驗，而且效果顯著者，例如燈泡之檢驗。
3. 不允許有不良品存在，若有不良品時容易引起人命或重大傷害者，如瓦斯筒之密封、汽車之傳動機構與煞車系統等。
4. 對生產技術沒有信心又無法對顧客作品質保證時。
5. 製程中之在製品容易引起加工之困難，甚至造成不良品的主要因素。

👍 適用抽樣檢驗之場合如下

1. 產量大，連續性生產無法做全數檢驗。

2.希望減少檢驗時間和經費者。

3.產量多，允許有某種程度之不良品存在者。

4.欲刺激生產者提高品質時。

5.破壞性試驗時。

二、抽樣檢驗（sampling inspection）之意義

由一批產品中，隨機抽取一定比率的樣本，檢驗其要求的品質，並將結果與標準比較，判定標準是否合格，再以統計的方法，判定全批為合格或不合格，此稱為抽樣檢驗。抽樣檢驗又可稱為允收抽樣（acceptance sampling）。

三、抽樣之方式

常用之抽樣方式有單次抽樣與雙次抽樣。今，詳述如下：

1.單次抽樣

根據一次抽樣樣本的檢驗結果，來判定送驗批為允收或拒收的根據或計畫。假設 N 是送驗批的貨品件數，n 是所抽取之樣本大小，m 是樣本中之不良貨品件數，而 C 是樣本中所允許之最大不良數，即允收數（acceptance number），則

m ≦ C 　則允收該批送驗貨品
m ＞ C 　則拒收該批送驗貨品

例如 N＝200，n＝10，C＝1，其意義為自一批 200 件貨品中隨機抽取 10 件來檢驗，若其不良數小於或等於 1，則接受該批貨品。

2.雙次抽樣

即將第一次抽樣檢驗的結果判為允收、拒收及保留三種情況。若判為保留時，則再進行第二次抽樣檢驗，再依該二次檢驗結果之總和來判定允收或拒收。假設自一批 N 件品中，第一次抽取樣本 n_1 件，而不良數為 m_1 時，則

$m_1 \leq C_1$　則允收該批
$m_1 > C_2$　則拒收該批
$C_1 < m_1 \leq C_2$　則做為第二次抽樣

假設第二次抽取樣本 n_2 件，而其不良數為 m_2 件，則

$m_1 + m_2 \leq C_2$　則允收該批
$m_1 + m_2 > C_2$　則拒收該批

四、抽樣檢驗計畫之分類

一般而言，抽樣檢驗計畫有兩種：

1. 若產品品質特性是計數值時，則稱為計數值抽樣計畫（attribute sampling plan），主要的如 M1L-STD-105E。
2. 若產品品質特性是計量值時，則稱為計量值抽樣計畫（variable sampling plan），主要的如 M1L-STD-414。

今將此兩種抽樣檢驗計畫分別詳述於下：

M1L-STD-105E 抽樣計畫

於 1960 至 1962 年間，美國、英國及加拿大等三國的軍方代表組成一個委員會，稱為 ABC 工作小組（A 為 America 的字首，B 為 Britain 之字首，C 為 Canada 之字首），共同制定三國所通用的計數值抽樣計畫，而於 1963 年正式發表為 M1L-STD-105D 表。此一抽樣表後來經美國品管學會及歐洲品管組織所認可，更經美、英、加、澳等四國之國防部正式採用而風行於國際。於 1989 年「美軍軍備研究發展中心」又加以修訂，而於 1989 年 5 月公佈 M1L-STD-105E 之抽樣計畫，所謂「M1L」係指 Military，「STD」係 Standard 的縮寫。故 M1L-STD-105E 抽樣計畫可翻譯成美軍標準 105E 抽樣計畫。

M1L-STD-105E 之抽樣程序如下：

1. 決定良品或不良品之判定基準。

2. 決定允收水準（acceptance quality level，簡稱 AQL）。在抽樣表中所列的 AQL 值均為 1%、1.5%、2.5%、4.0%、6.5% 之倍數。

3. 決定檢驗水準。通常採用一般檢驗水準第 II 級。

4. 選取樣本大小代號。依據批量大小及檢驗水準，由表 7-6.1 中表出樣本大小代號。

5. 決定抽樣方法：單次、雙次或多次抽樣。

6. 決定嚴格程度：為正常、嚴格或減量。

7. 查 AQL 之行與樣本代號之列相交而得 Ac 與 Re，Ac 即表示允收之不良數，Re 是拒收不良數。另外也可查出抽樣之樣本大小。表 7-6.2 為單次抽樣表，表 7-6.3 為雙次抽樣表。

8. 抽取樣本加以檢驗，並依樣本中之不良個數而決定允收或拒收該

批貨品。

例如，有一批製品 N＝1000 個，AQL＝1.0%，若採用一般檢驗水準第Ⅱ級，正常檢驗下之單次與雙次抽樣計畫為：

1. N＝1000，由表 7-6.1 得到樣本代號為 J。

2. 由表 7-6.2，AQL＝1.0%，代號為 J，得樣本數為 n＝80，Ac＝2，Re＝3，此即為單次抽樣計畫。

3. 由表 7-6.3，AQL＝1.0%，代號為 J，得 $n_1＝50$，$n_2＝50$，$Ac_1＝0$，$Re_1＝3$，$Ac_2＝3$，$Re_2＝4$，此為雙次正常檢驗之抽樣計畫。

批量	特殊檢驗水準				一般檢驗水準		
	S-1	S-2	S-3	S-4	Ⅰ	Ⅱ	Ⅲ
2 至 8	A	A	A	A	A	A	B
9 至 15	A	A	A	A	A	B	C
16 至 25	A	A	B	B	B	C	D
26 至 50	A	B	B	C	C	D	E
51 至 90	B	B	C	C	C	E	F
91 至 150	B	B	C	D	D	F	G
151 至 280	B	C	D	E	E	G	H
281 至 500	B	C	D	E	F	H	J
501 至 1200	C	C	E	F	G	J	K
1201 至 3200	C	D	E	G	H	K	L
3201 至 10000	C	D	F	G	J	L	M
10001 至 35000	C	D	F	H	K	M	N
35001 至 150000	D	E	G	J	L	N	P
150001 至 500000	D	E	G	J	M	P	Q
500001 及以上	D	E	H	K	N	Q	R

表 7-6.1　樣本大小代字

表 7-6.2　M1L-STD-105E 正常檢驗單次抽樣計畫（主抽樣表）

允收品質水準（AQL，%）　（各欄位數值為 Ac Re，Ac＝允收數，Re＝拒收數）

樣本代字	樣本數	0.010	0.015	0.025	0.040	0.065	0.10	0.15	0.25	0.40	0.65	1.0	1.5	2.5	4.0	6.5	10	15	25	40	65	100	150	250	400	650	1000
A	2	↓	↓	↓	↓	↓	↓	↓	↓	↓	↓	↓	↓	↓	↓	↓	↓	0 1	1 2	2 3	3 4	5 6	7 8	10 11	14 15	21 22	30 31
B	3	↓	↓	↓	↓	↓	↓	↓	↓	↓	↓	↓	↓	↓	↓	↓	0 1	1 2	2 3	3 4	5 6	7 8	10 11	14 15	21 22	30 31	44 45
C	5	↓	↓	↓	↓	↓	↓	↓	↓	↓	↓	↓	↓	↓	↓	0 1	1 2	2 3	3 4	5 6	7 8	10 11	14 15	21 22	30 31	44 45	↑
D	8	↓	↓	↓	↓	↓	↓	↓	↓	↓	↓	↓	↓	↓	0 1	1 2	2 3	3 4	5 6	7 8	10 11	14 15	21 22	30 31	44 45	↑	↑
E	13	↓	↓	↓	↓	↓	↓	↓	↓	↓	↓	↓	↓	0 1	1 2	2 3	3 4	5 6	7 8	10 11	14 15	21 22	30 31	44 45	↑	↑	↑
F	20	↓	↓	↓	↓	↓	↓	↓	↓	↓	↓	↓	0 1	1 2	2 3	3 4	5 6	7 8	10 11	14 15	21 22	30 31	44 45	↑	↑	↑	↑
G	32	↓	↓	↓	↓	↓	↓	↓	↓	↓	↓	0 1	1 2	2 3	3 4	5 6	7 8	10 11	14 15	21 22	30 31	44 45	↑	↑	↑	↑	↑
H	50	↓	↓	↓	↓	↓	↓	↓	↓	↓	0 1	1 2	2 3	3 4	5 6	7 8	10 11	14 15	21 22	30 31	44 45	↑	↑	↑	↑	↑	↑
J	80	↓	↓	↓	↓	↓	↓	↓	↓	0 1	1 2	2 3	3 4	5 6	7 8	10 11	14 15	21 22	30 31	44 45	↑	↑	↑	↑	↑	↑	↑
K	125	↓	↓	↓	↓	↓	↓	↓	0 1	1 2	2 3	3 4	5 6	7 8	10 11	14 15	21 22	30 31	44 45	↑	↑	↑	↑	↑	↑	↑	↑
L	200	↓	↓	↓	↓	↓	↓	0 1	1 2	2 3	3 4	5 6	7 8	10 11	14 15	21 22	30 31	44 45	↑	↑	↑	↑	↑	↑	↑	↑	↑
M	315	↓	↓	↓	↓	↓	0 1	1 2	2 3	3 4	5 6	7 8	10 11	14 15	21 22	30 31	44 45	↑	↑	↑	↑	↑	↑	↑	↑	↑	↑
N	500	↓	↓	↓	↓	0 1	1 2	2 3	3 4	5 6	7 8	10 11	14 15	21 22	30 31	44 45	↑	↑	↑	↑	↑	↑	↑	↑	↑	↑	↑
P	800	↓	↓	↓	0 1	1 2	2 3	3 4	5 6	7 8	10 11	14 15	21 22	30 31	44 45	↑	↑	↑	↑	↑	↑	↑	↑	↑	↑	↑	↑
Q	1250	↓	↓	0 1	1 2	2 3	3 4	5 6	7 8	10 11	14 15	21 22	30 31	44 45	↑	↑	↑	↑	↑	↑	↑	↑	↑	↑	↑	↑	↑
R	2000	↓	0 1	1 2	2 3	3 4	5 6	7 8	10 11	14 15	21 22	30 31	44 45	↑	↑	↑	↑	↑	↑	↑	↑	↑	↑	↑	↑	↑	↑

↓ = 採用箭頭下第一個抽樣計畫，若樣本大次或等於批過抽量，則用全數檢驗
↑ = 採用箭頭上第一個抽樣計畫，Ac ＝ 允收數　Re ＝ 拒收數

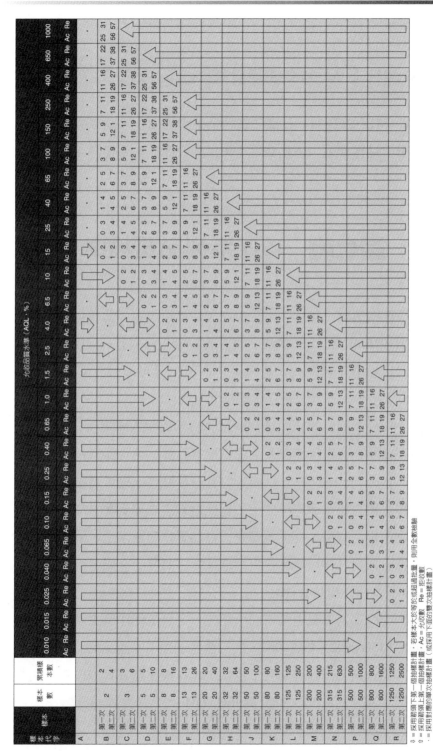

表 7-6.3　M1L-STD-105E 正常檢驗雙次抽樣計畫（主抽樣表）

⇩＝採用箭頭下第一個抽樣計畫。若樣本大次等於或超過批量，則用全數檢驗
⇧＝採用箭頭上第一個抽樣計畫。Ac ＝允收數　Re ＝拒收數
‧＝採用對應的單次抽樣計畫（或採用下面的雙次抽樣計畫）

👍 M1L-STD-414 抽樣計畫

至於 M1L-STD-414 抽樣計畫乃是美國工商企業及軍方所廣為採用之計量值抽樣計畫，但是我們不再深入探討此美軍標準414 抽樣計畫了。

第七節　ISO 系列品質標準

國際標準組織（即ISO）於 1947 年在倫敦成立，其前身是國際標準協會（1926 年成立），嗣後，總部位於瑞士日內瓦。ISO 設立之宗旨是為了促進國際合作，發展共同工業標準。ISO 的主要活動是制訂ISO 各項標準，觀察世界標準之動態和協調國際標準之工作，也就是說，ISO 9000 系列品質標準是目前世界市場認同的國際品質標準。

ISO 9000 系列品質標準是由國際標準組織之品質保證技術委員會（ISO/TC176）於 1987 年 3 月擬訂的。自其訂立以來，漸被國際間驗證作業單位建立相互保證模式，並籍此重新建立買賣雙方品質系統觀念之區別與相互關係，提供買賣雙方在品質作業要求上一個新的共同評判依據。自從 1987 年第一版訂定以後，即帶給全球各企業震撼，實施的成效超過預期的目標。

ISO 9000 系列主要由兩方面所組成，一是工作作業主題，分別為ISO 9001、ISO 9002、ISO 9003，此三個是三類不同產品的品質保證系統模式；另一是工作指導綱要，提供工作作業主題在實施作業上之選定與說明，其分別為 ISO 9000 與 ISO 9004。

　　1992 年歐洲共同市場宣佈，欲銷往歐洲共同市場之商品，皆須符合 ISO 9000 系列標準。ISO 9000 系列品質標準曾經在 1994 年加以第二版修訂，至於現行標準，則於 2000 年 12 月 15 日第三版修訂後頒佈。

　　最後在品質管理學中，筆者覺得六標準差管理（6σ management）是騙人的，因講得內容空洞，不知所云，是莫名其妙的，故應該要從品質管理學中除掉它。也就是說，在品質管理學中，不應該有 six sigma management，只要重視品質管理之問題就行了。

習題

1. 何謂品質？試述其定義？

2. 「品管」以前之全名是什麼？現在之全名指的又是什麼？此二者品管，有沒有相同？如何解釋？品保又代表什麼意思？

3. 試畫出圖來表示並說明在什麼情況下是最適的品質？

4. 何謂 QC？試就美國朱蘭博士及日本石川馨教授對 QC 所下之定義分別說明之。

5. 何謂 QA？試就美國朱蘭博士及日本石川馨教授對 QA 所下之定義分別說明之。

6. 試述品質管理之意義？

7. 試說明 QC 及 QA 之主要區別？

8. 試說明 TQA 之定義？

9. 試說明 TQA 與 QA 之主要區別在那裡？

10. 試說明 ISO 9000 系列與 CWQA 之主要區別在那裡？

11. 試說明 ISO 9000 系列與 TQM 之主要區別在那裡？

12. 試說明 TQA 系列與 CWQA 之主要區別在那裡？

13. 試說明 TQM 之意義？

14. 試詳述說明品質管理之演進是為何？

15. 實用上，試述常用的品質改善工具與技術有那些？

16. 試述品質之七大手法（不必說明）

17. 一般而言，品管之資料可分為那兩種？其特性又為何？

18. 何謂特性要因圖？其中之大要因指的是那六類？

19. 戴明之品質管理循環又稱為什麼循環？其意義又是什麼？

20. 品質改善程序是用於那裡？何謂品質改善程序的七步驟？（不必說

明）

21.試述品管圈之意義？

22.造成產品品質管理變異的原因分成那兩類？並說明其定義及特性？

23.何謂統計製程管制（SPC）？它應用於何製程？又其主要的工具是什麼？

24.何謂管制圖之意義？

25.何謂管制圖由那些項目所構成？

26.何謂管制圖分成那兩大類？並說明之。

27.何謂較常用的計量值管制圖有那幾種？

28.何謂較常用的計數值管制圖有那幾種？

29.某投資工廠產銷某一產品，今擬採用 $\overline{X}$-R 管制圖來管制該產品之重量，依據每小時抽樣一次，每次抽取樣本五個，共蒐集了 10 組樣本，資料如下表所示，試計算 $\overline{X}$-R 管制圖之管制界限，並繪製管制圖。

樣組	重量（公克）					合計	$\overline{X}$	R
1	1.04	1.01	0.98	1.02	1.00	5.05	1.010	0.06
2	1.02	0.97	0.96	1.01	1.02	4.98	0.996	0.06
3	1.01	1.07	0.99	1.03	1.00	5.10	1.020	0.08
4	0.98	0.97	1.02	0.98	0.98	4.93	0.986	0.05
5	0.99	1.03	0.98	1.02	1.01	5.03	1.006	0.04
6	1.02	0.95	1.04	1.02	0.95	4.98	0.996	0.09
7	1.00	0.99	1.01	1.02	1.01	5.03	1.006	0.03
8	0.99	1.02	1.00	1.04	1.09	5.14	1.028	0.10
9	1.03	1.04	0.99	1.02	0.94	5.02	1.004	0.10
10	1.02	0.98	1.00	0.99	1.02	5.01	1.002	0.04
						總計	10.054	0.65

某投資工廠生產某產品之重量

30.某工廠從事於製造人像玩具。吾人從其生產線上每小時抽取 50 個來檢查，將檢查所得到的不良品列在下表。試繪製出不良率管制圖表。

樣組	樣本大小	不良數	不良率
1	50	3	0.06
2	50	8	0.16
3	50	3	0.06
4	50	5	0.10
5	50	4	0.08
6	50	10	0.20
7	50	10	0.20
8	50	9	0.18
9	50	4	0.08
10	50	6	0.12
11	50	9	0.18
12	50	8	0.16
13	50	12	0.24
14	50	6	0.12
15	50	8	0.16
16	50	8	0.16
17	50	10	0.20
18	50	13	0.26
19	50	9	0.18
20	50	5	0.10
21	50	7	0.14
22	50	9	0.18
23	50	5	0.10
24	50	3	0.06
25	50	13	0.26
合計	1,250	187	—

某工廠製造人像玩具所抽樣之資料

31.如下表所示，某本書前 20 頁之缺點數資料。試繪製缺點數管制圖來。

頁數	缺點數	頁數	缺點數
1	3	11	5
2	6	12	4
3	4	13	0
4	5	14	3
5	0	15	6
6	2	16	2
7	8	17	1
8	4	18	1
9	2	19	4
10	3	20	2
合　　　計			65

某本書前 20 頁之缺點數資料

32.試述對原物料及成品之檢驗可分為那三種？又一般檢驗可分為那三個
　階段？

33.適用產品全數檢驗之場所有那些？

34.適用產品抽樣檢驗之場所有那些？

35.試述抽樣檢驗之意義？抽樣檢驗又稱為什麼名稱？

36.常用之抽樣方式有那兩種？

37.一般而言，抽樣檢驗計畫有那兩種？要略說明並舉一個主要的例子。

38.有一批製品 N＝2000 個，AQL＝1.5%，若採用一般檢驗水準為第 Ⅱ
　級，試述在正常檢驗下之單次與雙次抽樣計畫之情形為何？

8
成本與成本管制

　　新觀念的經營理論是利潤＝售價－成本，以數學觀點言，這與傳統的成本＋利潤＝售價沒有什麼區別，但是就經營上就有不同的意義，新觀念是公司經營的利潤目前如果每個產品要賺取 20 元，現在市場競爭價格是 90 元，因此，我們就需要努力將成本降到 70 元不可，這就是所謂的利潤主義了，在開放自由的市場競爭主義之下商品的價格是由市場決定出來的，而不是由生產者決定出來的，這也就是「買方市場」而不是「賣方市場」，整個世界經濟趨勢是走向這個方向，企業為求成長生存就必須掌握住整個脈動潮流，提高管理績效，掌握住企業內部可控制的人工、設備、管理等「成本」的降低、徹底消除浪費才可以。

第一節　成本會計之意義及功效

一、成本之分類

　　所謂成本（cost），乃指一種產品於其製造及銷售過程中，所發

生各種支出之總和。為了便利成本之計算，成本有下列的分類。

根據業務機能分類

1. 製造成本（manufacturing cost）

加工、材料、設備投資、加工物料消耗等之費用。

2. 銷售成本（selling cost）

客戶開拓、訂貨接單、銷售、採購等費用。

3. 管理成本（administrative cost）

生產、品管、人事、總務、倉儲等之行政管理費用。

4. 財務成本（financial cost）

請款、付款、理財活動、投資活動等之費用。

根據製造成本要素分類

製造產品首需材料，既得材料，方可施工，在施工時，必需有各項設備方能成其事，因此，即構成：

1. 直接材料成本（direct material cost）
2. 直接人工成本（direct labor cost）
3. 製造費用（manufacturing overhead）直接材料成本加直接人工成本再加製造費用，就等於製造成本。

👍 根據成本與產品關係分類

成本與產品之關係，有直接者，有間接者，即構成：

1. 直接成本（direct cost）

成本與產品的關係為直接者，能確知某項費用屬於那一產品所耗用，如木材為製造家具的原料，其木材所花費者即為製造家具之直接原料成本，而在製造過程中所須的工資，即為其直接的人工成本。

2. 間接成本（indirect cost）

成本與產品之關係為間接者，雖不能確知其屬於那種產品，但仍為生產過程中所不可或缺者，如工廠每天或每月的產品種類不只一種，而一個月的水電無法區分那一種產品用量多少，但水電的花費仍為製造所必需，稱為間接成本。

👍 根據成本發生之性能分類

1. 固定成本（fixed cost）

在既定的範圍內，成本之發生，不因生產類別及生產數量增減而有所變動之成本，稱為固定成本，如已購之設備、廠房及土地等。即不管生產量多少，不受產量之影響而變動者，就稱為固定成本。

2. 變動成本（variable cost）

成本隨產量及銷售量之多寡而增減者，稱為變動成本，如材料及

消耗品等。

二、成本會計的意義

　　成本會計是決定成本的技術，它是為會計之一環。成本會計的意義，乃在於理論上研討各種不同的成本概念，同時配合概念而運用多方面技術，以使成本資料，在供應財務報表所需的成本數字之外，進而控制成本、策劃成本，並研究分析成本資料，以供管理與決策之助，以使企業的運用資料，得以更為經濟有效。

三、成本會計的功效

　　成本會計乃在研討各種的成本概念，然後配合概念而運用技術，以作成本的歸納、分析、比較、研究與預測，幫助管理。成本會計主要的著眼點乃在求人力、物力、及財力等資源，在運用上使經濟有效。

　　成本會計的功效為：
　　1.決定存貨評價。
　　2.計算有關當期損益的成本。
　　3.產品的訂價。
　　4.提供完整的成本記錄與合乎準則的成本計算報表。
　　5.成本分析與控制。
　　6.成本及利潤規劃。
　　7.績效評估。

第二節　成本之計算

　　材料在加工後成為產品，在加工過程，投入之總成本除以生產產品的總數量，等於單位成本，即

$$單位成本 = \frac{投入成本總額}{生產總額}$$

　　企業產品可分為已賣出及未賣出；又有銷貨成本及存貨成本，即

$$單位成本 \times 賣出數量 = 銷貨成本$$
$$單位成本 \times 未賣出數量 = 存貨成本$$

　　建立成本計算制度之基本資料為：1.產品結構，2.產品製造流程，3.材料結構，4.標準工時（人工、機器），5.生產記錄，6.材料耗用記錄，7.工時記錄。

　　產品之成本計算制度的基本公式有兩個：

分批成本會計制度

　　產品係分批製造且分批計算其成本者，謂之分批成本（job cost）。這樣的成本會計制度，則稱之為分批成本會計制度；它適用於裝配式和專接受訂貨的製造業。

　　1.直接材料＋直接人工＝主要成本。

　　2.主要成本＋製造費用＝製造成本，

　　　或　直接材料＋直接人工＋製造費用＝製造成本。

3. 製造成本＋銷售成本＋管理成本＋財務成本＝製銷總成本。

4. 製銷總成本＋利潤（或減虧損）＝售價。

👍 分步成本會計制度

產品係依分步製造，而按其製造步驟計算其成本，謂之分步成本（process cost）。這樣的成本會計制度，則稱之為分步成本會計制度；它適用於連續式的製造業。

1. 直接人工＋製造費用＝加工成本。

2. 直接材料＋加工成本＝製造成本。

或直接材料＋直接人工＋製造費用＝製造成本。

3. 製造成本＋銷售成本＋管理成本＋財務成本＝製銷總成本。

4. 製銷總成本＋利潤（或減虧損）＝售價。

分批及分步成本會計制度的不同點是分批制度將主要成本採取產品分批歸屬，其他成本如製造費用採取部門分攤；而分步成本會計制度則所有成本皆採部門分攤。如圖 8-1 及 8-2。

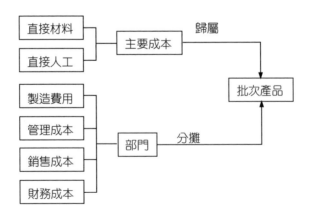

圖 8-1　分批式會計制度

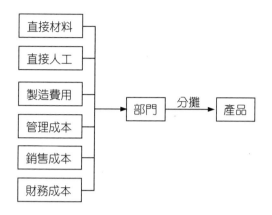

圖 8-2　分步驟成本會計制度

例題 8-1

　　設某工廠分批生產某機器一部之成本如下：耗用直接材料 50,000元，直接人工20,000元，製造費用30,000元，銷售成本2,000元，管理成本1,500元，財務成本500元，預期所獲得的利潤為製銷總成本的10%。試計算其產品成本之構成及售價之決定？

直接材料	50,000 元
直接人工	20,000 元
(1)主要成本	70,000 元
製造費用	30,000 元
(2)製造成本	100,000 元
銷售成本	2,000 元
管理成本	1,500 元
財務成本	500 元

(3)製銷總成本　　　　　　　　104,000 元

利潤（104,000 元 × $\frac{10}{100}$）　10,400 元

(4)售價　　　　　　　　　　　114,400 元

第三節　成本之管制

　　產品之成本在市場競爭上佔有成功與否的重要性，因此，對於產品之每項成本，如何使其成本儘量降低，而達到或接近原計畫之成本數字，為工廠經營者所應致力研究的工作。所謂成本管制（cost control）即是利用成本計算的原理，經由生產與銷售績效之衡量，而對其內部所定之指引或限制。換句話說，藉成本會計之資料整理與計算，使成本能夠減低至合理的程度。在競爭的市場中，成本之降低足以影響售價的降低，亦能降低消費者之負擔。產品之價格乃協調生產者與消費者之意願而成立，不過，無論如何，工廠欲獲得更大的利潤，必須從減低成本著手，因為售價減去成本即是工廠的利潤，成本愈低，利潤就愈大，尤其碰到競爭對手時，成本愈低，在利潤＝售價－成本的關係下，企業才有降價的空間，由此可知，成本管制的重要性。

一、成本管制的步驟

　　要達到成本管制的目的，可依下列步驟去執行：

㈠建立衡量成本績效的標準，即標準成本項目及數額的建立。

㈡依所設定成本標準，收集必要的成本資料，以獲知成本發生的實際情形。

㈢分析比較實際成本和標準成本間的差異。

㈣根據差異分析，決定此差異是否可以減少或避免，以做為降低成本和修正設定目標的依據。

二、成本管制之方法

成本管制之方法不少，一般常見的有如下述三種：

👍 實績管制法

實績管制法係就某一部門之實際業務績效加以衡量，從而決定該項業務應否繼續維持或緊縮。其實施程序是將業務活動，按其職能與各別責任詳細劃分，並將其執行情形予以週詳記錄。工廠經營者即根據這些記錄裁定各業務在未來的業務政策中應否維持或改變，是最簡單的一種管制辦法。

👍 預算管制法

預算係就企業未來業務計畫所發生之收入或費用，加以預計，編成報表，作為往後業務管理及執行方面之準繩，使實際發生之收入或支出之數字能與預算數字接近，俾以完成預定之計畫。利用預算控制收支之方法，即為預算管制法。

標準管制法

標準管制法係採用成本標準數字控制實際成本的一種方法，這種成本數字既經定為標準，則日後業務之支出即以此標準為衡量的尺度。標準成本是指產品預計在合理而有效的生產情況下所應有之合理且經濟之成本額。標準成本在滿足時，必備下述二條件：

1. 生產效率是工廠設備及技術所能達成者。
2. 合理且經濟的成本額係指廠商內各單位的密切配合且能達成的最高績效。

企業要面對市場競爭，傳統上講究要追求物美價廉，價廉代表著要設法降低成本，尤其是指如何能夠降低人工成本為主要思考方向，另一方面物美表示品質要好。台灣的工廠在 70 年代以前就是以成本為競爭導向，當時人工便宜產品價格低廉，歐美外國的買主大都願來台灣採購。而從 80 年代開始，台灣的廠商也漸漸了解到產品單價低比不上日本的高單價、高利潤，而了解到品質的重要性，因此就大力在推展品質的活動，例如國家產品形象週、台灣精品展、國家品質獎等皆是，經過各種品質管理如統計的品管、品管圈、品保、ISO 品保等制度來提升企業產品的品質。

但是，80 年代以後，企業要維持市場優勢，面對競爭，品質提高外，還要降低售價，同時，由於台灣工業化的結果，工資不斷上升，所以如果企業要期望有利潤，還要致力降低成本來平衡工資提高，售價降低的威脅消費市場還有另一潮流就是產品的壽命週期短，面對此種潮流，生產者要體認少量多樣的生產型態之來臨，既然少量多樣，每批貨的交期也變短了，否則趕不上時效。過去企業大體認為大量生

產是降低成本的最好方法，但是由於市場潮流的變化，企業要如何以少量多種的生產型態來降低成本，將是企業要面臨的績效指向。

所以，我們現在要重新認識，一個企業要能跟得上時代潮流的演變，就必須先打破以往僅追求物美價廉的指向，而應改變為全方位管理績效為追求改善的指向。

所謂全方位管理的指向，就是指在改善的過程中要同時追求及完成下列的指標。

(1)提高勞動生產力。

(2)減少不良品數量。

(3)縮短交期的時間。

(4)提升設備可動率。

(5)降低存貨數量。

(6)節省生產的空間。

(7)考慮投資的效益。

要同時追求上列全方位的績效，企業必須每個部門都動起來，講究的是全廠績效（total efficiency），也就是生產單位實施自動化及彈性製造系統；品質管理單位配合生產單位做好品質管理、零缺點；生產管理單位精確做好生產計畫，使設備百分之百開工率；物料管理單位配合生產單位，使倉庫朝向零庫存；業務單位努力開發市場，並配合財務單位做好投資的效益分析。

習題

1. 何謂成本？根據業務機能，成本如何分類？

2. 試說明固定成本與變動成本之不同？

3. 試說明成本會計的意義？

4. 試述成本會計的功效？

5. 試述建立成本計算制度之基本資料有那些？

6. 分批及分步成本會計制度之不同點為何？

7. 產品之成本計算制度的基本公式有那兩個？試分別說明它兩之意義及它兩適用於那裡？

8. 何謂成本管制？

9. 試述成本管制的步驟？

10. 簡述實績成本管制法？

11. 訂定標準成本時，必備那二條件？

12. 何謂全方位管理的指標？

13. 各部門如何因應，以符合全廠績效？

9 人事管理

　　企業組織中最重要的資源有三：人力、物力與財力；此三者中，以「人」為最重要。人是事的主宰，是一個事業中最寶貴也是最不易管理的資產，因為人是企業發展的原動力，故要談企業管理或工廠管理，就不能不先談人事及人事管理。

　　何謂人事管理（personal management）就是研究如何為組織有效地進行羅致、發展、運用並維護其人力資源的科學。

　　人事管理的基本任務可包括下列四點：

一、使工作人員與其所擔任的工作，完全適合。

二、使組織中人與人的關係，獲得完全的和諧與協調。

三、採用最適當的方法，選訓最優秀又恰當的工作人員。

四、採用各種有助於提高工作情緒的方法。

　　人事管理的工作項目包括員工的甄用、辭退、訓練、升遷、薪資等制度，以及各項福利措施之建立等。

第一節　員工的甄用與辭退

　　企業經營要先定目標，然後擬訂經營政策，運用企業的七大管理

功能（或稱七大管理業務）生產、行銷、人事、研發、物料、品管及財務，這七大管理功能裡面，人事管理是一重要因素，因為人事規劃不當，其餘六項管理功能會不良，無法運作靈活，因此人力規劃是一項重要工作。人力規劃是甄選員工的前置工作，人力規劃好了，公司人事單位才按照規劃的員工人數、程度、類別來甄選。

一、甄選員工的原則

甄選員工有下列可遵循的原則：

👍 應因事擇人

甄選員工，絕不可因人設事，甄選員工時，應針對職務或工作上的需要，物色適當的人選，才能讓甄選上的人員稱職勝任，此即所謂「因事擇人」，做到公正無私的原則。至於因人設事，乃為一些人藉著親友或股東等之關係，本來企業內無某項職位，為了安置這些人到廠內來，且其又無特殊專長，只好增設職位，坐領乾薪。此種方法，非但對工廠毫無助益，且會引起其他員工的反感或不滿，影響正常工作的士氣。

👍 應適才適用

每個人的個性不同，且有不同的興趣或學習傾向，在選擇員工時及分派工作時，應利用性向測驗的結果，根據個人不同的興趣與專長，予以適當的工作，如此，則人人均可獲得其所喜愛的工作，也才

能高高興興的埋頭苦幹，以儘量發展他的抱負與潛能，使人力資源能做最有效的發揮與運用。

👍 應確立適當的甄選標準

對選人才的標準不宜太高或太低。太高係指對學識、技能、經驗的要求、超過工作的實際需要時，將發生「才高於職」的現象，一方面對人才是一種不必要的浪費，同時這些具有過高才智的人，亦將無法安於位，流動率必高，至於若標準太低，則由於甄試及格的人，勢必學識、技能、經驗低於工作的需要，造成「才不稱職」，難把工作做好，企業的發展受阻，無法與人競爭，久之必被淘汰。因此，甄選的標準，必須力求客觀，以適應工作上的實際需要為主。

二、甄選員工的來源

員工的來源可由下述途徑去甄選或招募：

㈠就原有員工中調用或調升。

㈡由在職人員介紹。

㈢就業輔導中心介紹。

㈣由學校或訓練機構推薦。

㈤公開徵求，利用刊登廣告方式。

㈥求職者直接申請。

㈦與學校或訓練機構建教合作。

三、甄選員工的方式

考試

考試是我國目前採用最普遍的一種方式，理論上，它的優點是可以給予應考人一種公平競爭的機會，也能夠錄取學識成績較優的人員，要能夠達到這兩項優點，還得看主辦考試的人是否認真及考題是否適當。至於考試的缺點，則是無法自考試中了解應考人的個性、品德、興趣與操守，而這些因素與其能否勝任稱職又有密切關係，是此種方法美中不足的地方。

推薦

由有關人員如社會上有聲望的人，或與公司有密切關係的人，或公司內可信賴的員工、高級主管之推介任用、此種方式的優點，為被推薦者的個性、品德、操守等，可向推薦者查明，且推薦者連帶著對被推薦者負責保證的責任，因此，對其個性、品德、操守必須事先查明，然後方予介紹。此方法的缺點是不易了解被保人的真才實學，但是，能夠勝任工作者，除了必須具備相當學識外，尚須經驗的歷練，因此，只要具備某種程度的學識水準（如學歷），再加上工作的經驗磨練即能勝任工作，所以此種缺點尚無大礙。另一缺點乃是閉塞求職之門，一些沒有人事背景的有為青年將無法找到工作。

👍 推薦與考試

此種方法係由學校、訓練機關、職業介紹所、或可靠人士負責推薦，然後舉行必要的考試，再決定取捨，這是混合運用的辦法，可兼備前述兩種方式的優點。外國大都採用此種辦法，特別是美國。台灣目前也漸採用此種辦法，所以在學校內部設有實習輔導處，與廠商隨時保持密切的聯繫，在工廠要求介紹畢業學生時，按其希望的學識、個性、品格、技能、體力，在畢業學生中選擇符合條件者予以介紹。工廠即可約定時間接見被推薦的學生，並舉行必要的面試或其他筆試，以定取捨。此種筆試一般比較簡單，且能針對實際的工作需要來測驗，比較具體確實。

四、測驗的種類

在人員甄選程序中，要先經過考試，即有兩種新進員工考試辦法，一是筆試，一是面試。

👍 面談即面試

面談是就業者很重要的過程，除了儀表、穿著、談吐、態度等必須適中外，對面談的內容也可事先收集，稍做準備。

👍 筆試

公家機關因為由考試院正式的考試外，各機關亦經常舉辦特考，有固定的考試科目，且以廣泛為主。至於各廠商，則以實際工作需要為主，因此，考試項目顯得專門扼要。

就筆試而言，工廠界所採用的測驗種類如下：

1. 智力測驗（intelligence tests）。
2. 性向測驗（aptitude tests）。
3. 水準測驗（level tests）。
4. 專業測驗（profession tests）。

一般員工要經過智力測驗、性向測驗、水準測驗三種，即不必經過專業測驗。智力測驗在測驗學習能力。性向測驗在鑑定個人發展的潛能與興趣。水準測驗，旨在測驗語文水準、一般知識水準。專業測驗在測驗專業知識程度，對於有專業技能的人，理論上而言，除了面試外，還須經過上述四個測驗。

五、員工的辭退

員工的辭退原因很多，其情況有下列數種：

👍 自動辭職

員工由於某種原因，自動提出辭職要求時，一般應先擬好辭職書，在辭職前辦好離職手續，將向公司借用的物品歸還，有無積欠公

司金錢或損壞物品等，均應在離開公司前處理完畢。

👍 遣散

公司因經營上之需要，必須資遣部分員工，或以考績或以積分或以年資決定資遣人員後，應在遣散時間前通知員工，讓其先行謀職，而且必須發遣散費，以安定其離職後一段時間的生活。

👍 免職

員工因觸犯公司之規則或章程，構成被免職要件，公司得依規定將其免職。

👍 退休

年紀已大者要退休之，分自請退休（服務年資已超過）及命令退休（年紀已老）。

第二節　員工的訓練與升遷

員工訓練的目的是使員工知道「如何工作」及「如何用最好的方法去工作」，以儘量發揮其天賦與潛能。每一機關對於選用的員工無不希望「職能相稱」，要達到這種目標並發揮功能，對員工首須「精選」，次在「慎用」，然後施以「訓練」，訓練即是對員工施以教

育，使原本具有工作條件的員工，經過在職訓練或進修，更能配合業務的發展，保持適當的知識水準而增進工作效率。

對企業內員工教育訓練的理念是認知人是企業經營的最重要資產，有效的引導與培育，才能激發無限潛能，藉教育訓練，落實經營的理念，觀望企業文化的發展。所以，我們以教育訓練的規劃步驟、原則、種類、方式等來陳述教育訓練的工作。

一、教育訓練的規劃步驟

教育訓練的規劃步驟，首先是針對企業人才培育需求來規劃，有工作職能需要的訓練，員工績效改進計畫的需求訓練，職位升遷異動的需求訓練，及重要人員儲備需求的訓練。

選定教育訓練之需求後，著手訓練課程規劃，然後展開教育訓練實施，訓練結束後，做訓練成果評估，並做訓練記錄。

二、教育訓練應注意的原則

1. 深造教育與實務教育並重

實務教育是讓員工具備最基本的工作知識，但是任用後，為了讓員工有更創新的工作表現，吸收新知識以提高工作效率，深造進修教育必須配合提供給在職員工。

2. 專業教育與通職教育並重

專業教育是培養員工在本身崗位上能夠勝任工作，但是員工領導

能力及組織能力的培養亦不可忽視，因此，通職教育亦須配合實施。

3.理論探討與實際的研究發展並重

理論與實際互相輝映，藉工作經驗與理論知識，創造設計更新的技術領域。

4.訓練實施後的考核與選拔要留意

訓練機會均等的提供給員工，但是訓練成果的驗收則應嚴格實施，作為選拔人才的依據。

三、員工訓練的種類

👍 以訓練的時間分

1. 就業前的訓練（職前訓練）：著重於技能訓練或處理業務辦法的訓練。
2. 就業後的訓練：一方面工作，一方面訓練。

👍 以訓練的對象來分

1. 師資訓練：乃培養訓練別人的老師之訓練，以教學辦法及指導能力的培養為主。
2. 新進員工的訓練：對新進員工訓練，旨在讓其知道公司的概況，企業的組織及工作的性質。
3. 工作訓練：對在職員工施以新觀念及新方法的訓練，俾能提高工

作效率。

以訓練的場所來分

1. 工作中訓練，又稱OJT（on job training）即一般已投入工作崗位，在工作中訓練。
2. 工作外訓練，又稱OFF-JT（off job training）不在工作崗位上，而在專門的訓練場所學習。

其他訓練

除了專業訓練外，具規模或重視員工成長的企業尚推廣下列，使員工成長的訓練。

1. 補習教育：為了提高員工生活知識水準及調適生活所需而利用工作餘暇所安排的一般訓練，內容廣泛，一般以適合員工的需要而開設，如美容班、美術班、烹飪班、吉他班、舞蹈班、電腦班、資訊班……等。
2. 考察進修：派遣員工赴工業發達的國家去考察與進修，以獲取更進步的知識。

四、員工訓練的方式

員工訓練的方式不同於一般正確的教學，必須配合學員的程度、人數及訓練課目而施以各種最有效的訓練方式，一般有下述數種：

👍 設班講解方式

即如一般學校上課的情形，排定適當的時間，約集受訓者共聚一堂，由教師對某一問題詳加講解，除了口述及教材講義之外，可補以媒體教學，如掛圖、模型、投影片、幻燈片、錄影帶等。

👍 開會研討方式

此方法適合高級人員，事先將擬討論的問題，草擬大綱，提出給予參加會議的人員共同討論，以求作深入的了解，並藉著討論增長見識，決定政策。

👍 現場實習方式

此種方式旨在訓練員工之技能，由實際的操作訓練使其明瞭機器的操作方法並且學得工作的技術。

👍 進修教育的方式

一方面可資助員工赴夜間補校或補習班去就讀，以充實其基本常識或專業知識，另一方面可充實本公司之圖書或新知，提供良好的閱讀環境，使員工能於工作餘暇，從事自修。

委託教育方式

目前專業分工時代，顧問公司林立、企業可以委託顧問公司代為訓練，或派員至生產力中心、金屬工業發展中心或與其他可以代為訓練之機構，省去企業因為師資缺乏或訓練不當的困擾。

讀書會的方式

時下倡導終身學習、自我成長、公司可以組織讀書會，藉研相關書籍，透過討論、分享、心得整理等達到訓練的目標。

五、員工的考核

考核之定義就是一個員工之長官或監督人對其工作能力及作業之評價。一個公司工作效率的高低，與員工是否稱職有絕對的關係，要了解員工是否稱職，惟有實施考核。人事考核可以作為薪資管理、升遷、異動、員工能力開發及生涯規劃的依據。

考核之功能則是可做為員工獎懲的依據。考核可說是給員工的工作或服務成績，凡是足以影響其工作成績的因素，如服務能力、服務精神、服務態度，都可以加以考評。一方面惰性乃人類的通性，如果沒有鼓勵鞭策的方法，就會由於惰性的養成，變成消極懈怠；另一方面人類也有被尊崇的通性，喜歡被人家欣賞和尊重，工廠以考核來辨別員工的功過，然後給予成績優異的人適當的獎勵。考核的重點，就是透過嚴格又公平的考核，以定功過明賞罰。群體中，也惟有賞罰嚴

明，才可以使賢者奮勉，不肖者知所警惕。在所有員工共同的努力下，工作效率則可提高。

員工考核應注意的要點

1.應選擇適當的時期

考核的期間不可太長或太短，太短則工作繁複，且無法看出員工的成績，太長又難免事過境遷，無法予以及時地獎勵作用。因此，定出適當的考核時間乃屬必要，對於一般普通員工可半年考核一次，高級主管或需較長的時間。

2.應制定合理又適當的評分項目與評分標準

應先制定評分表，將考核項目列出，以便對員工逐項考核，並記錄實得分數。

3.應登記員工日常的勤惰與功過

在平時即應建立員工勤惰與功過之完整資料，做為考核時的參考，以免到時無具體記錄，全憑記憶或印象，造成不公平。

4.應保持客觀公平的態度

公平是考核工作的基本前提，如果有偏袒或不公平情形，則考核失去其意義，並且得到反效果，使員工憤忿不平，在反感的意識型態下對工作效率必然降低。

5.應經過多人的考核以求公正

考核不能單憑一個人的意思，各人的觀點與看法或有不同，或者觀察上難免疏忽，或者受員工「表面奉承」的影響造成或多或少的偏差，如此一來，則單人的考核必然不盡理想，因此，經過多人的評審考核，比較能夠更接近公正。

考核的項目

考核項目一般說來它包括下列各項：

1. 工作的能力。
2. 服務的勤惰。
3. 負責的態度。
4. 進取的精神。
5. 知識的水準。
6. 品格的優劣。
7. 合作的態度。

六、員工的獎懲

獎懲是對表現優良的人之鼓勵，對表現不好的人之處罰。軍隊紀律中最重賞罰分明，其實企業經營，獎懲是幫助企業上軌道的一種工具之一。不過，人性化管理的趨勢是，多獎勵少懲罰是流行的指標。

👍 獎懲原則

1. 獎懲標準應該公平合理。
2. 對職位愈低者應從優核獎，職位愈高者則應從嚴懲罰。
3. 執行要迅速徹底。
4. 獎應重於懲。

👍 獎懲的方式

1. 獎勵方面，通常分為

嘉獎、記功、獎金、加薪、升級、記點等。

2. 處罰方面，通常分為

申誡、警告、記過、減薪、降級、革職等。

七、員工的升遷

升遷對於企業內的員工是一種希望，對公司來說促進人事管道的新陳代謝，於公於私都有特別的意義存在。升遷可依據：㈠服務年資、㈡工作考核成績及㈢舉行考試測驗等因素來評估。人事管道如一溪流水，應讓它經常性的暢通，要暢通就必需有升遷制度，造成人事的新陳代謝，而升遷的依據又必須在平時作考核，所以考核制度亦須設立，除此外，企業的成長在於員工的成長，因此，企業必須規劃員

工的訓練，在員工有成長訓練的機會下，以一合理的考核制度，施以新陳代謝的升遷制度，企業的人事管理可以協助企業組織的運作，以便提升工廠的生產力。

第三節　員工的薪資制度

薪資係指薪水（salary）與工資（wage），拿薪水的人多屬勞心階層，而拿工資的人多屬勞力階層，故薪資乃指員工付出努力或心智所換取的報酬，來滿足其物質生活所需及其他生活上的享受。因此，薪資不僅需要滿足員工的最低生活，同時還要能兼顧他們的精神生活與社會地位，才能稱為合理。

一、薪資合理的重要性

員工有合理的薪資才能享受到正常的物質及精神生活，同時合理的薪資可以提高員工的工作效率及勞資和諧，不合理的薪資容易導致勞資糾紛，非企業所樂見。

二、工廠在制訂薪資標準時應注意的事項

應參照工作的評價

所謂的工作評價（job evaluation），即對工作的難易程度與責任太小，以及其相對價值的多少加以評估，作為對於員工工作給予報酬

的依據。簡言之，就是評定工作的價值。因此，任務較難，責任重、貢獻大的工作，應該薪資高，反之則薪資低。

應參照生活指數的高低

所謂「生活的指數」，是表現市場生活必需品價格漲落趨勢的指標。員工的生活收入就是靠薪資，其薪資必需配合物價，才能給予員工生活的需要。

應具有適度的伸縮彈性

合理的薪資標準，應該考慮員工的教育程度、表現能力、服務年資以及工作的危險性等因素，予以不同等的待遇，使其具有伸縮彈性，對員工發生積極的鼓勵作用。

應維持內部合理的比例

有適度彈性的薪資，是為了發揮激勵作用，使優秀員工不致因得不到合理的報酬，而不安於位。但同種工作的不同等級間的差距，也不宜過於懸殊，以致增加運用上的困難，也就是說同種工作間，應有合理的比例。至於職能或職種不同的各種工作間，也就是高階與中階間，或中階與低階間，其薪資數額的差距，固然應參照工作評價的結果，予以核定，但也不宜過於懸殊，以致造成低階人員心理上的鴻溝，而發生情感上的隔離。

應參照當地同業的標準

薪資不得低於當地同業的標準，否則優秀的員工將離開，倘能較同業稍高，或起碼齊平，則可吸收優秀員工，提高工作情緒及效率。

應考慮企業的人工成本

薪資愈高，固然有很多利益，但應考慮企業的盈利情形，尤其是在許多用人數量很多的企業，其人工支出應注意，控制在一定的比例，方不致於成本增加，利潤降低或公司之產品售價必提高來平衡成本，這樣將失去競爭力。

薪資計算應簡單

薪資計算應簡單，如此員工才能了解薪資的來源不會招致誤會。

三、薪資的計算方法

薪資的制度，雖然有不同的主張，目前企業最為普遍的仍不外「計時工資制」（pay work system）與「計件工資制」（piece work system），另外還有獎金制、分紅制、考績制、年資制、月俸制、年薪制及佣金制等，共九種。現在分別敘述於下：

計時工資制

以工作時間多寡的計算工資的標準，例如每小時、每日、每週或每月支付工資若干，此種方式，多適用於品質重於數量的工作，在固定時間內沒有嚴格限制應完成的數量，或工作者可以從容不迫去完成他的工作，把工作的品質提高，同時工人的收入固定，生活較有保障。但其缺點是工廠既未嚴格要求工作量，則難免使工作人員鬆懈，工作效率降低。

計件工資制

以工作數量或工作件數為工資計算的標準，實施此制，工資隨員工的工作量而增減，對於員工完成一件工作費時若干不予計算。此制度適用於數量重於品質或工作方法簡單的工作。

獎金制（或稱獎工制度）

所謂獎金制是綜合計時與計件的優點，避免其缺點，計時制數量無法提高，計件制品質無法控制，因此，無法兩全其美。獎金制乃是給員工基本的生活待遇，亦就是一般所說的底薪，同時定出基本的生產量，兼顧公司的人工成本，凡是超過基本生產量的工作量，發給一定比例的績效獎金，如此，員工的收入穩定且品質得以兼顧，對於技術純熟或努力工作的員工，因為產量較多，發給獎金，以資鼓勵，能夠去除計時制及計件制走極端的缺點。獎金制是一種補助性質的薪資

制度。

分紅制（或稱利潤獎金制）

員工辛勤工作，如果沒有相對的利潤給予他們，員工不會採取合作的態度，因此，很多企業除了薪資及績效獎金給付外，又定出基本的營業額目標，如果員工群體上下努力工作，營業額超過預定目標，可以把超過目標而獲取的利潤作為紅利，按股東、廠方、員工等一定的比例作為工作獎金或生產獎金，此即所謂利潤共享，計算的期間，短則月、季，長則半年或一年皆可。分紅制也是一種補助性質的薪資制度。

考績制

以工作之質與量做為工資計算之標準。工作表現優良時才能加薪，否則不加薪或加薪少。

年資制

以工作年資做為工資計算之標準。在比較機械式的工作，與不易觀察其優劣工作或較低職位，施行此制較為合宜。

月俸制

按月領薪資。如公務人員。

👍 年薪制

按年領薪資。一般係指高收入之專家。如體育明星或公司之負責人。

👍 佣金制

除了底薪外，還有抽佣金，如推銷人員。

第四節　員工的福利措施

　　工業革命後雖然改善了人類的生活，可是由於投入工業生產行列的勞工，由於工時太長，工資過低，生活品質並不完善，近世紀以來，工業社會漸趨成熟，勞工地位大大提高，專業學者相繼提出，認為為勞工謀福利，其結果正可以提高工廠的生產，因此，企業體也推行各種員工福利措施。事實上，一個企業體組織的演變過程為創業期、制度化、合理化、電腦化、自動化、以至於自主化，如圖 9-1，由於員工自主化，人性化的管理，正應以員工福利措施來配合完成組織結構的演變。

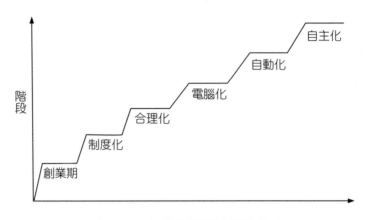

圖 9-1　企業體組織演變過程

　　提升勞工生活品質是為勞工福利最基本的目的。勞工福利無論是學理或實際，中外都有廣義與狹義的說法，廣義的勞工福利，指的是凡是滿足勞工精神上及物質上的一切設施與活動，都是勞工福利的範圍，它涵蓋了：

（一）工作時間。　　　　（二）工作報酬。

（三）休假津貼。　　　　（四）利潤分享。

（五）職工教育。　　　　（六）職工保險。

（七）康樂活動。　　　　（八）醫療保健。

（九）退休撫卹。

　　至於狹義的勞工福利，在學理上並無定論，在實際運作上各國又不盡相同，舉凡受僱工作者除了依法取得薪資以外，雇主與勞工或勞工團體，同心協力共同舉辦的各種福利措施，皆為狹義的福利措施，其項目主要有下列諸項：

👍 幫助工作的設施

如餐廳、交通車、浴室、托兒所、宿舍等，均可以給員工工作方面的便利。

👍 改善生活的設施

如勞工福利品供應中心、員工住宅、勞工保險、貸款等，均可解決員工的日常生活需要。

👍 增進知識的設施

如圖書館、閱覽室、補習班、視聽教室、音樂室、附屬學校等，均可增進員工的知識，便利員工進修及讀書，有時亦可與學校或訓練機構建教合作。

👍 促進康樂的設施

如俱樂部、文康室、球場、體育館、游泳池等，假日舉辦電影欣賞、郊游等，均可調劑員工身心健康。

👍 保健的設施

設立保健室、特約醫院等。

一般事務的設施

如職業指導、獎勵儲蓄、家庭副業的指導等均可解決員工的困難，並增加其收入。

勞工福利設施所以受到重視，乃是公認勞工福利可以在改善勞工生活並提高生產效率，從而促進社會與經濟發展上能夠發揮功能。所以，近來外國學者提出勞工工作生活品質，以連接廣義與狹義的勞工福利，並且明確指認，提升勞工生活品質是為勞工福利最基本的目的。在台灣企業皆漸漸有職工福利委員會的設立，公司並在營業收入內撥出一定比例的金額作為福利金，辦理職工福利事業，落實員工的福利措施。

習題

1. 試述人事管理的意義？

2. 試述人事管理的基本任務包括那些？

3. 試人事管理的工作項目包括那些？

4. 試述甄選員工的原則？

5. 企業甄選員工的來源有那些？

6. 在一般工廠裡，理論上而言，對有專業技能的人，除了面試外，還須經過那些筆試？

7. 員工辭退的原因有幾種？

8. 企業實施教育訓練應注意那些原則？

9. 簡述員工訓練的方式？

10. 考核之定義是什麼？考核之功能又是什麼？

11. 考核應注意那些要項？

12. 一般考核的項目有那些？

13. 員工的獎懲原則有那些？

14. 員工的獎懲方式通常可分為那些？

15. 員工的升遷可依據那些因素來評估？

16. 試述制訂薪資時應注意的事項？

17. 解釋工作評價（job evaluation）？

18. 解釋生活指數？

19. 薪資的制度有那幾種？

20. 獎金制計薪方式有何特色？

21. 試述廣義的勞工福利？

22. 狹義的勞工福利設施有那些？

10
工業安全

　　自公元 1989 年起，台灣的服務業蓬勃發展，社會人士上班的意願更是發生巨大變革，所謂三 D 工作不受歡迎，即骯髒性（dirty）、危險性（danger）及困難性（difficuty）高的工作漸漸的缺乏勞工，服務業的工作場所因優勢吸收了龐大的勞工，因此，經營者不得不提升勞工的工作品質，使我國更具工業化國家應有的工業安全與衛生。

　　工業安全係經由政府、勞方、資方通力合作，其目的旨在防止工業意外事件的發生，一方面基於人道要求防止生命損害，另一方面基於經濟要求避免財務損失，進而保障就業員工安寧和幸福，達成工業之發展與繁榮。其主要意義是藉科學的方法，運用各種技術與生產方式，改進員工工作之安全觀念及技術，並增加防護設備，防範工業意外傷害之發生，同時制訂各種檢查制度，例行管理辦法，將工作習慣導以正常，以避免工作人員、企業界及至社會國家遭受損失。

　　為避免工業安全事故的發生及其損失，以增進員工安全及保障公司之經營成果，下列各項必須善加研究與有效的執行：

一、確立工業安全的責任與組織。

二、有效的做好工業安全檢查與分析。

三、具有完備的工業安全措施。

四、訂定有完善充分的工業安全法規。

以上四項也就是本章的範圍及重點所在。

第一節　工業安全的責任與組織

對於工業安全，自員工起，至工廠各級主管，甚而社會、政府都有應當擔負的職責，也就是說，安全是每個人的責任。平常建立一良善的安全管理制度，明確指明各級人員對工業安全應負的責任，並且經常不斷的教育，俾使確實履行。

勞工安全衛生法是我國勞工安全衛生之依據。

🖐 工業安全之組織

為防止勞工職業災害，一方面企業經營者必須對安全衛生的重要性有深切的認識，自動自發負起責任來推動安全衛生管理體制，另一方面政府須基於人道主義的觀點，為保護勞工的健康與安全，訂定各種勞工安全，強制僱用勞工的企業，必須有合乎法令規定的安全衛生設施及管理組織。

根據勞工安全衛生法第三條，勞工安全衛生主管機關：在中央為行政院勞工委員會，在直轄市為直轄市政府，在縣（市）為縣（市）政府。勞工安全衛生法第十四條規定，雇主應依其事業之規模、性質，來實施安全衛生管理；並應依中央主管機關之規定，設置勞工安全衛生組織及人員。根據政府勞工安全衛生法施行細則第二十四條所稱之勞工安全衛生組織，包括：

1. 規劃及辦理勞工安全衛生業務之勞工安全管理單位。

2.具諮詢研究性質之勞工安全衛生委員會。

　　又勞工安全衛生法第十四條所稱之勞工安全衛生人員在施行細則第二十五條中指明該人員是指：1.勞工安全業務主管；2.勞工安全管理師（員）；3.勞工衛生管理師（員）；4.勞工安全衛生管理員。

　　在施行細則第二十六條說明事業單位之勞工安全衛生管理由雇主或對事業具有管理權限之雇主代理人綜理，由事業各部門主管員執行之責。

　　由政府所制訂勞工安全衛生法上各項條文之說明，事業單位之安全衛生組織如圖 10-1。

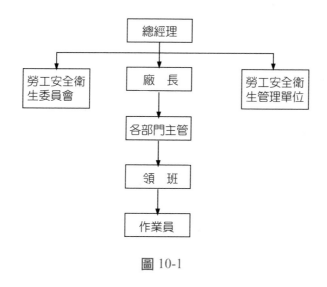

圖 10-1

工業安全管理各有關人員之職責

1. 政府主管機關

(1)制訂各項工業安全法令及政策。

(2)宣導安全管理工作。

(3)督導、檢查及考核工業安全之實施。

2.工廠之勞工安全衛生管理單位

雇主依事業之規模及性質設立勞工安全衛生管理單位，辦理下列事項：

(1)釐訂職業災害防止計畫，並指導有關部門實施。

(2)規劃、督導各部門之勞工安全衛生管理。

(3)規劃、督導勞工安全衛生設施之檢點與檢查。

(4)指導、督導有關人員實施巡視、定期檢查、安全檢查及作業環境測定。

(5)規劃、實施勞工安全衛生教育訓練。

(6)規劃勞工健康檢查、實施健康管理。

(7)督導職業災害調查及處理，辦理職業災害統計。

(8)向雇主提供有關勞工安全衛生管理資料及建議。

(9)其他有關勞工安全衛生管理事項。

3.勞工安全衛生委員會

為事業單位內研議、協調及建議勞工安全衛生有關事務之機構。其職責有：

(1)安全衛生設施之規劃與審議。

(2)安全衛生活動及教育訓練之推行。

(3)事故預防、善後處理與原因之研討。

(4)自動檢查之督導考核。

(5)職業病之防治研究。

(6)其他。

4.各級主管及管理、指揮、監督有關人員執行下列與其有關之
勞工安全衛生事項

(1)職業災害防止計畫事項。

(2)安全衛生管理執行事項。

(3)定期檢查、重點檢查、檢點及其他有關檢查督導事項。

(4)定期或不定期實施巡視。

(5)提供改善工作辦法。

(6)擬訂安全作業標準。

(7)教導及督導所屬依安全作業標準方法實施。

(8)其他雇主交辦有關安全衛生管理事項。

5.一般作業員

(1)遵守安全守則。

(2)參加安全講習。

(3)工作時提高警覺、避免事故發生。

(4)遵守正確的工作方法，去除不良的工作習慣。

第二節　工業安全檢查與分析

工業安全檢查是防範事故發生的重要方法之一，實施檢查可以預
估安全設備是否完善，安全訓練是否徹底，安全管理是否確實，在事
故發生之前，即行補救之道。同時經常實施安全檢查，還可促使員工

注意安全，提高警覺。所以在政府所頒勞工安全衛生法第四章詳載監督與檢查各項規定，第五章規定罰則，並實施優良安全工廠獎勵措施，以落實工業安全政策之施行。

安全衛生檢查雖需花費相當的經費、人力及時間，但與災害事故之損失比較起來，則屬微不足道，是故，安全衛生檢查為減輕和減少災害事故的重要措施。

一、安全檢查的類別

安全檢查若依不同的基準來劃分，可有不同之類別，安全檢查的類別可按照檢查機構、檢查性質及檢查時間來劃分：

按照檢查機構劃分

1. 政府檢查機構

政府設立安全檢查機構，如經濟部礦務局和台灣電力公司，台北市、高雄市的勞工局，都會定期派員至工作地點去檢查。

2. 保險機構

勞工保險機構為了確知保險人之工作環境與工作狀況，定期派員檢查，做為保險償付的依據。

3. 工廠自動檢查

災害事故之預防，最重要的是工廠的自動檢查，所以政府曾公佈

勞工安全衛生法,對工廠之自動檢查有所規定。其中第十二條規定:事業單位平時僱用勞工人數在一百人以上者,應設勞工安全衛生組織,僱用勞工人數未滿一百人者,應設置勞工安全衛生管理人員,實施自動檢查。

按檢查性質劃分

1.初查

又稱一般檢查,係對工廠一般安全狀況及安全設施作通盤性的檢查,亦即對工廠的每一部門、每一場所、每一機器、每一工人的動作,逐項詳細檢查,俾明瞭有無不安全之動作或不安全的環境,以便加以改善。

2.複查

係在初次檢查時發現應改善之事項,經過一段時間後加以複查,俾了解究竟有無改善,若尚未改善,則應加緊辦理。

3.特種檢查

係針對某一特殊機器設備或某一特殊作業,比較詳細及深入之檢查,如鍋爐檢查、變電室檢查、壓力容器檢查等。

4.災害檢查

當災害發生時所作之檢查,以明瞭災害發生之原因,俾研究有效之對策,預防類似災害重演。

按檢查時間劃分

1.定期檢查

每間隔適當時期就做一次檢查，間隔時間之長短視機器設備性質而定，通常可採每年、每半年、每季或每一個月定期檢查一次。

2.不定期檢查

檢查日期不一定，也未事先排定，而是採突擊式之檢查，其性質可為一般檢查或特種檢查。

3.經常檢查

係工廠在每日或短期內週而復始不斷的一般由作業員自行實施檢查，與保養檢查合併實施，目的在發現不安全之環境及不安全之動作，隨時予以整修或糾正，此項工作除安全人員、檢查人員外，保養人員、領班甚至員工本身都要擔負起責任，認真執行，才能確保工作環境及工人之動作隨時均在安全狀況之下。

4.臨時檢查

多屬對維護事件之檢查，不屬正常安全檢查之列，如機械設備安裝之檢查、生產程序改變後之檢查及災害檢查等。

二、安全檢查人員

㈠政府之安全檢查人員

1. 政府中央（如經濟部礦務局和台灣電力公司）設有安全檢查人員，實施安全檢查。

2. 台北市、高雄市政府勞工局所指派之安全檢查員。

3. 縣（市）政府勞工局所指派之安全檢查員。

㈡保險機構之安全檢查人員。

㈢工廠設立之安全檢查人員。

依據政府製訂的勞工安全衛生管理及自動檢查辦法第三條規定，事業單位應設勞工安全衛生人員。

㈣安全管理人員資格

依據勞工安全衛生組織管理及自動檢查辦法規定勞工安全管理師之資格為：

1. 具有工業安全技師資格或高等考試工業安全類科及格者。

2. 領有勞工安全管理甲級技術士證照者。

3. 曾任勞工檢查員，具有工作經驗滿三年以上者。

4. 具有國內外大學院校工業安全碩士學位資格者。

勞工安全管理員之資格為：

1. 具有安全管理師資格之1.、2.、3.之規定之一者。

2. 領有勞工安全衛生管理乙級技術士證照者。

3. 曾任勞工檢查員，具有工作經驗滿二年者。

4. 國內外專科以上學校工業安全專門類科畢業者。

三、安全檢查之依據

安全檢查根據下述四項去實施：

👍 安全法規

依照政府所制訂的安全要求之法律或命令，如勞工安全衛生法，工廠安全衛生設施規則，安全標準及勞工安全衛生組織管理及自動檢查辦法。

👍 安全標準

安全標準是政府依據國家標準制訂程序所制訂之各種安全準則，內容針對某一事物做詳盡確切之規定，如該機械設備之防護設施的材料，機械設備之材料強度、尺寸、安全操作裝置及規則均有規定。

👍 安全常識

安全規則或安全標準如無法對工廠安全事項一一予以規定時，須以各種安全常識，或外國之規章標準或國際勞工局之安全規範等來補規章標準之不足。

個人經驗

中國有句俗話：「不經一事，不長一智」，又說：「久病能成醫」，這些話之道理皆有說明經驗是與知識相對重要的，因此，安全檢查亦須憑一些經驗來加補充應該檢查之項目及內容。

被指派為負責的人（即安全檢查人員），必須對法令的規定及安全標準很熟悉，才能對自己工廠的安全工作做得適切。

四、安全檢查工作之實施應注意事項

㈠安全檢查工作事先之準備

　　1.先研究了解工廠的性質，了解其設備、機械等有關的防護事項。

　　2.擬定或準備好安全檢查表格。

　　3.查閱機械過去的維護與檢查記錄。

　　4.準備檢查用之工具。

安全檢查人員檢查工廠時，需要適當儀器設備，本身防護裝具以及其他用具等，必須事先準備。通常所用者大致如下：

　　1.本身防護裝具：工作服、安全帽、安全鞋、安全眼鏡、安全面罩等、安全手套、口罩、氧氣呼吸器或防毒面具及安全罩等個人防護裝備。

　　2.檢查儀器：實施安全檢查時，需有設備來補助，一般有溫度計，濕度計、照度計、通汽計、壓力計、檢電計、可燃性氣體測定器、有毒氣體測定器、噪音計、振動計、塵埃測定器、煤煙計、水壓機、測厚計、探傷器及迴轉速測定器。

3.其他用具：皮尺、鋼捲尺、計時錶、照相機、釘鎚、手電筒、鎖、記事簿及筆等。

㈡應先確定檢查路線與過程，以免遺漏。

㈢應與廠內各部門主管商討檢查事宜。

㈣檢查應確實且徹底。

㈤應把握各項檢查重點。

五、安全檢查報告與記錄

安全檢查完畢後，檢查人員須將結果提出報告，並提出改進建議，供安全主管部門或工廠經營者辦理。

第三節 工業安全之措施

為了防止意外事故的發生，達到工業安全，防範措施必需加強建立。

工業安全措施實係工廠成功的基本條件，唯有完美的安全措施，工廠才能發揮最高的生產能力，製造產品，為企業創造利潤。

建立安全標誌

安全標誌可以隨時警告工作人員注意安全，可收到嚇阻作用，下列情形必需懸掛安全標誌：

1.凡實施封閉措施的工作，在適當的開關或閥之上面懸掛標誌。

2.盛裝危險品之機械或設備。

3.某項器具臨時盛裝有毒或危險物品時。

4.危險性的操作。

5.機械臨時故障不能使用時。

6.安全線之劃分。

7.不可觸摸之處。

8.嚴禁煙火之處。

9.禁止操作之項目。

機械設備之防護措施

　　機械設備是造成工業傷害的主要器械，因此，危險部分應加防護措施。

　1. 機械防護的部分

(1)傳動部位：如軸、飛輪、皮帶盤、連桿、曲軸、離合器、凸輪等旋轉或往復運動部分。

(2)加工部位：機械刀具或模具加工部分。

(3)感電部位：機器內可能漏電或短路之馬達、開關等部分。

(4)突出部位：機器結構之突出物，如螺帽、桿件、尖角等。

(5)高溫部位：如鍋爐、熱處理機、熔接設備、鑄造等加熱設備。

　2. 機械設備的防護辦法

(1)固定護罩：危險部位以護罩隔離。

(2)連鎖裝置：設計為護罩裝上，機器方可開動，如護罩移開，則

機器無法開動。

(3)其他裝置：如設計為雙開關法，必需雙手同時按開關，才會使
　機器啟動，以免單手留在工作枱上。

操作員工之防護用具

操作員戴上防護用具，可保護身體受到敲傷、擊傷或撞傷，其防
護用具分類為：

1.面部及眼睛之防護

防護眼鏡、面部護罩、護蓋及頭盔等。

2.頭部防護

安全帽、護頭、頭巾及護耳等。

3.手足及腿部之防護

手套、安全鞋及護足等。

4.身體之防護

工作衣、防護衣、圍裙及肩衣等。

易燃物與易爆物

應隔離，且嚴標煙火，並做標誌。

建立安全的工作環境

1.廠房建築

廠房建築應適當，一般重要部位為：

(1)坡道：坡道之坡度最大不得超過 20 度，兩邊應設欄杆。

(2)樓梯：避免採用環形樓梯，且樓梯板應防滑。

(3)走道：走道應與物料之流動路線平行，且不宜滑。

2.通風與溫度要控制得當

工廠應通風，且溫度調節要適當。

3.照明要足夠

自然採光是最佳照明，必要時得以電燈或日光燈加強。

4.整潔要維持

隨時保持整潔，地面上沒有污物，特別是油漬，將使工作員具有安全感。

5.應建立消防設施

如滅火器、滅火砂。

應設傷殘急救室

如醫護室、急救包等。

職業災害已是工業國家進步的指標，工廠經營者應與工廠其他建設同步加強安全措施，以確保員工安全，隨時保持生產能力。

第四節　工業安全法規

我國政府向來注重勞工安全，制訂了多種相關法令，以保障勞工安全，如勞動基準法、勞工保險條例、勞工安全衛生法、勞工安全衛生組織管理及自動檢查辦法、勞工安全衛生訓練規則、勞工作業環境測定實施辦法等，而最基本的安全法則又以勞工安全衛生法及其施行細則為推動勞工安全各項政策之依據。

習題

1. 試述工業安全的目的？

2. 根據勞工安全衛生法施行細則第二十四條稱之勞工安全衛生組織包括那些內容？

3. 事業單位之安全衛生組織圖如何？

4. 工廠之勞工安全衛生管理單位辦理那些事項？

5. 一般作業員對勞工安全衛生應盡之職責如何？

6. 實施安全檢查的機構有那些？

7. 按檢查性質來劃分，安全檢查分為那幾種？

8. 按檢查時間來劃分，安全檢查分不那幾種？

9. 試述勞工安全管理師之資格？

10. 安全檢查根據那些項目去實施？

11. 安全檢查工作事先應如何準備？

12. 安全檢查工作之實施應注意事項有那些？

13. 什麼地方或情況必需懸掛安全標誌？

14. 機械設備那些部位應防護？

15. 簡述工廠應建立那些工作環境的安全防護？

11
工業衛生

　　工廠之員工應該保持健康的身體，才能維持生產力，所謂健康是指員工在心理上及生理上的正常狀態而言，員工要時時刻刻獲得健康，故健康管理是必要的。工業衛生工作範圍廣泛，凡防止職業病或防止意外傷害，以及能夠保持員工健康的所有工作皆是工業衛生之範圍。

第一節　工業衛生之重要性

　　人類的本性，時時在追求舒適良好的生活，因此，即使在上班的工作生活範圍，亦希望有一良好的工作環境，而且維護自身的工作安全，不願受到傷害更是人類時刻盼望的目標。所以工業衛生是人類工作生活的重要項目，也唯有良善的工業衛生，才能給員工安全感，以便使員工能安心的工作，發揮其最大的工作潛力，為公司的發展而努力，對公司、對員工均極為重要。

工業衛生的意義

工業衛生學（industrial hygiene），又稱為職業衛生學（occupational hygiene），是一門整合性的科學，乃是對可能損及勞工健康與安寧的各類潛在物理性與化學性之危害因素，加以研究與分析，以減少與預防勞工職業災害之發生，讓勞工有一個安心工作的環境。

工業衛生工作的範圍

工業衛生旨在保護員工的身體健康，所以凡與員工工作有關的衛生條件均是工業衛生的工作範圍，其內容有：

1. 作業環境的改善：對於有害的塵埃、溫度及濕度的控制、照明及光線的調節、噪音及廢氣的排除等皆是。
2. 一般環境衛生的改善：如餐廳、廁所、浴室、寢室及休息場所等之清潔。
3. 勞動環境衛生的改善：如工作時間過長、疲勞、營養、傳染病預防及心理衛生輔導等。

講求工廠衛生的目的旨在做預防的工作，對於工廠內潛在的危害或致病因素，運用工程及醫學上的知識，透過良好之衛生管理制度來防止疾病及災害，維護員工健康。

職業環境對勞工的影響

由於工作方法不當或接觸有害物質或其他因素，易使員工得職業

病，危害到健康，工業衛生工作應極力去改善。各種職業環境，對於
勞工健康發生危害的成因，主要有四大類：

1.由於不良的工作方式而產生

(1)過度疲勞：談到疲勞，不論其為精神或肌肉，均為在不斷工作
　　下所不能避免之結果，在疲勞狀態下，工作效率以及對於危險
　　之警覺性均較低，故為維持生產之質與量及防範對於員工身體
　　之危害，不當的疲勞應避免或防止。

造成疲勞的原因有：
　　①工作時間太長。
　　②工廠的溫度與濕度失調。
　　③長時間在高分貝的噪音中。
　　④照明的質與量不佳。
　　⑤員工坐椅不佳。
　　⑥工作方法不熟練。
　　⑦工作有壓力，或擔心失業。

(2)工作單調：經常不變的工作姿勢，容易產生疾病，如站立太
　　久，易造成下肢痙攣；坐著太久，易形成駝背或患痔瘡。

2.化學性危害

化學性危害因素，對勞工健康影響如下：

(1)粉塵：可導致肺炎、神經中毒、皮膚炎等；常見於礦業、窯
　　業、鑄造業。

(2)有機溶劑：皮膚病變、有機溶劑中毒；常見於印刷業、塗裝業。

(3)重金屬（如鉛、鎘）：職業性癌、皮膚病變；常見於蓄電池

業、鉛加工業。

(4)特定化學物質（如苯、四氯化碳、三氯乙烯等）：皮膚病變、
職業性癌；常見於各種化學工業。

(5)缺氧：缺氧症，常見於化學工業。

3.物理性危害

物理性危害因素，對勞工健康影響如下：

(1)噪音：職業性重聽、精神疲勞；常見於木材加工業、水泥業。

(2)振動：導致精神緊張，情緒不穩定；常見於伐木業之鏈條鋸作
業、建築業。

(3)異常溫度與濕度：中暑症、凍傷；常見於煉鋼業、熱處理業、
冷凍業。

(4)異常氣壓：潛水病、高山病；常見於潛水業、壓氣施工業、高
處作業。

(5)超音波：耳鳴、頭痛；常見於超音波熔接作業。

(6)不適當作業：眼睛疲勞；常見於精密作業。

(7)輻射線：輻射傷害，破壞人體細胞；常見於醫療業、非破壞性
檢查業。

(8)不良的照明：造成眼疾或意外事件。

(9)污染：如空氣污染、環境污染及水源污染，對人體造成嚴重傷
害。

4.生物性危害

細菌、黴菌、寄生蟲均可引起疫病、各種感染症、食物中毒；常
見於農業、畜產業、又如皮革作業員處理獸皮及獸毛時。

職業性疾病的預防與控制

預防職業性病除了做好員工的健康管理工作，如職前健康檢查、定期健康檢查、特殊健康檢查外，控制或去除發生職業病的原因乃是最治本的辦法。職業性疾病的預防與控制的方法是：

1. 維持工作場所的清潔：工作場所如能維持清潔，病菌無法寄生，則不易感染疾病。
2. 垃圾處理：垃圾應隨時處理，將有害物質迅速移開、隔離，集中嚴格管制。
3. 供水設備：工業用水及食用水要分開；廢水之去污處理要徹底，不要混合到食用水或工業用水。
4. 廚房、餐廳、宿舍及廁所之清潔與消毒工作要落實。
5. 設立休息室，消除員工之疲勞。
6. 通風應良好：通風可採自然通風及人工通風法（空調），隨時讓員工有足夠新鮮空氣。
7. 照明應足夠：工業照明要符合標準，普通電燈泡照明效率較差，燈罩易產生炫光，所以目前各工廠都採用日光燈。
8. 工時不宜太長，造成員工疲勞度。

第二節　工業衛生之措施

欲達到工業衛生之措施，應朝下列事項去實施：

1. 注意員工的食物營養

食補重於藥補，如果平時注重員工的食物營養，身體健康，抵抗力強，感染疾病機率自然降低。

2. 舉辦員工工業衛生講習。
3. 防止噪音之影響

改良製造方法或作好防音、吸音之設備。

4. 廢水要妥善處理

重視環保廢水處理是一大項目，不僅保護員工也維護社會大眾的生命安全，而廢水處理法有物理或化學處理方法，有環境保護工程專家設計及規劃。

5. 員工配帶防護器具

防護器具有為工作安全，有為工業衛生，或兩兼具的如安全眼鏡、安全面罩及呼吸面具都是兼有安全及衛生保護效果的。

6. 工作環境要做好規劃

工作環境的規劃，不論數量，大小都應依一定的標準，如工作場所、供水設施、廁所、盥洗室、廚房、餐廳、休息室、通風口及通風設備、照明光度等，都應依勞工安全衛生法規定來規劃及設施。

總之，身為一個現代化的企業，在工業安全衛生工作上，企業主應投入人力與財力，來關注從業員工，以防止職業災害的發生，確保同仁們的安全與健康，這才符合讓每一位員工「快快樂樂地工作，平平安安的回家」之企業精神。

習題

1. 試述工業衛生的重要性？

2. 試述工業衛生的意義？

3. 試述工業衛生的工作範圍之內容？

4. 試述由於不良的工作方式而產生的職業病有那些？

5. 試述由於化學性之環境因素而造成之職業病有那些？

6. 試述由於物理性之環境因素而造成之職業病有那些？

7. 試說明職業性疾病如何預防與控制？

8. 工業衛生之措施應如何去實施？

參考書目

1. 《工廠管理》（修訂版），王獻彰編著（全華）
2. 《工廠管理》，傅和彥編著（前程企業管理公司）
3. 《工廠管理》，潘文章編著（三民書局）
4. 《工廠管理》，（第八版），張仁傑編著（滄海書局）
5. 《工廠管理》，黃士滔編著（全華）
6. 《工廠管理》，侯東旭及陳敏生編著（五南圖書公司）
7. 《工廠管理》，彭游及吳水乑編著（南宏圖書公司）
8. 《工廠管理》，工廠管理編輯委員會編著（先鋒企業管理發展中心）
9. 《工廠管理》，蘇崇武編著（全華）
10. 《工廠管理》，陳永甡編著（大海文化事業公司）
11. 《企業管理精修》，陳燕芬、陳榮方、陳茂霖及何家南編著（文聯出版社）
12. 《品質管理》，傅和彥和黃士滔編著（前程企業管理公司）
13. 《品質管理》，潘浙楠和李文瑞編著（華泰文化）
14. 《品質管理》，楊素芬編著（華泰文化）
15. 《全面優質管理》，謝家駒編著（佛光大學南華管理學院、周知文化事業公司和淑馨出版社聯合出版）
16. 《品質管理》，夏太偉編著（新文京開發出版公司）
17. 《品質管制》（修訂版），王獻彰編著（全華）

國家圖書館出版品預行編目資料

工廠管理／邱政田編著. --初版.--臺北市：
五南圖書出版股份有限公司， 2007.08
　面；　公分.
參考書目：面
ＩＳＢＮ 978-957-11-4802-1（平裝）
1. 工廠管理
555.6　　　　　　　　　96011268

5F45

工廠管理

作　　者 － 邱政田

發 行 人 － 楊榮川

總 經 理 － 楊士清

總 編 輯 － 楊秀麗

主　　編 － 高至廷

責任編輯 － 張維文

文字編輯 － 施榮華

封面設計 － 簡愷立

出 版 者 － 五南圖書出版股份有限公司

地　　址：106 台北市大安區和平東路二段 339 號 4 樓

電　　話：(02)2705-5066　傳　　真：(02)2706-6100

網　　址：https://www.wunan.com.tw

電子郵件：wunan@wunan.com.tw

劃撥帳號：01068953

戶　　名：五南圖書出版股份有限公司

法律顧問　林勝安律師事務所　林勝安律師

出版日期　2007 年 8 月初版一刷
　　　　　2021 年 9 月初版四刷

定　　價　新臺幣 380 元

※版權所有·欲利用本書內容，必須徵求本公司同意※

全新官方臉書

五南讀書趣

WUNAN Books

since1966

Facebook 按讚

1 秒變文青

五南讀書趣 Wunan Books

★ 專業實用有趣
★ 搶先書籍開箱
★ 獨家優惠好康

不定期舉辦抽獎
贈書活動喔！！

經典永恆・名著常在

五十週年的獻禮——經典名著文庫

五南，五十年了，半個世紀，人生旅程的一大半，走過來了。

思索著，邁向百年的未來歷程，能為知識界、文化學術界作些什麼？

在速食文化的生態下，有什麼值得讓人雋永品味的？

歷代經典・當今名著，經過時間的洗禮，千錘百鍊，流傳至今，光芒耀人；

不僅使我們能領悟前人的智慧，同時也增深加廣我們思考的深度與視野。

我們決心投入巨資，有計畫的系統梳選，成立「經典名著文庫」，

希望收入古今中外思想性的、充滿睿智與獨見的經典、名著。

這是一項理想性的、永續性的巨大出版工程。

不在意讀者的眾寡，只考慮它的學術價值，力求完整展現先哲思想的軌跡；

為知識界開啟一片智慧之窗，營造一座百花綻放的世界文明公園，

任君遨遊、取菁吸蜜、嘉惠學子！